圖解

An Illustrated Guide to Microeconomics

個體經濟學

絵でわかる ミクロ経済学

茂木喜久雄 著　黃意淩 譯

晨星出版

前 言

誕生於「考生之聲」的入門教科書

　　作者從過去20年以上指導經濟學的生涯中，彙整了來自眾多考生的問題與意見，並與考生們各別討論「什麼樣的教學法比較淺顯易懂呢？」「對每位考生而言，什麼樣的方式能使學習發揮最高效率呢？」籍由這個方式，捨棄從經濟學必修的圖表或公式入門的學習方法，而是透過觀察自身周遭的環境或街道，並將產生的疑問以經濟學的思維模式，進行思考的方式進行授課。從而編纂了以Know How為主題的《由零開始入門經濟學》（暫譯，週刊住宅新聞社，2011年出版），獲得許多讀者的優良評價。

　　本書是在獲得講談社Scientific的協助下，將我在《由零開始入門經濟學》中的發想進一步加上插畫及圖表，重新編排組成的增強版。

　　無須安排額外的學習時間，也沒有填鴨式學習。演化成能夠如同平時和朋友往來一般輕鬆的經濟學入門書。

所有人都在相同的起跑點，由此持續學習逐漸累積成果

　　閱讀本書前，不需要任何的事前準備或先修知識。也與年齡、學歷、經驗、職業沒有任何關係。所有人都從同樣的起跑點出發。

　　我想，也許有些人能很迅速流暢地讀完本書，或許有人需要花費較多時間才能閱讀完畢。無論哪一種類型都無關勝負，最重要的是持續學習，發掘出經濟學有趣的地方，培養想要繼續嘗試學習的心態。接下來無論是想解開練習冊的習題，或是更進一步地學習正式的經濟學，只要能夠充份理解本書內容，就能使學習事半功倍。

　　衷心期望本書在讀者們實現夢想的道路上，能夠略盡棉薄之力。

茂木經濟塾 塾長 **茂木喜久雄**

本書特色　所 有 人 都 在 相 同 的 起 跑 點

本書目的

　　經濟學完全初學者，不須具備公式或圖表的知識，閱讀圖表或圖片、就能掌握個體經濟學的思考模式。

特色與使用方式

　　一般坊間的經濟學入門書，大部分都會以圖表為中心並使用大量的公式；而本書以作者透過長年的授課、指導過各式各樣的考生所累積出的獨特想法所編排，以日常生活用語取代大部分公式，不需要特別安排過多的學習時間，就能夠學習經濟學。

如同玩遊戲的技能，學會經濟學

　　不是在學習，而是稍微與遊戲做聯想。

　　過去我們想要玩遊戲時，需要空出時間、學習遊戲方式和規則。但在虛擬技術發達的今日，即使不刻意挪出遊戲時間，只要利用一些空檔就可以輕鬆遊玩，不會受限於時間與空間，幾乎與日常生活融為一體。

　　本書就是想讓經濟學猶如遊戲一般融入日常生活之中。拋棄所謂「學習」的概念，將經濟學使用的圖表、公式，甚至於專業名詞都轉化為日常生活用語，努力讓它成為生活的一部分。

　　僅僅只是走在街上就能掌握經濟學面向的思考邏輯，也是有可能的事喔！

只使用日常生活用語就能應付公職或就職考試

從「閱讀」到「一看就懂」

為了讓初次接觸經濟學的人，能夠循序漸進地學習到經濟學的思考能力，本書將思考流程、計算順序做細微的步驟切割，並使用大量插圖或重點標記。

將「公式」、「圖表」換成「日常生活用語」

盡量降低經濟學公式或圖表的使用頻率，即使是初學者也能輕易理解，並且能夠輕鬆地掌握學習訣竅。

公開作者總是座無虛席的超人氣課程！
從「站在高處俯視學生的授課方式」改為「與朋友討論事情般的授課方式」

本書的原稿使用許多來自學生最直接的詞句或是信件往返之間的對話。為避免突然變得過度專業，盡量往讀者能有效實踐的方向撰寫。並有效率實踐，不貿然進入專業領域。

僅使用日常生活會話，
實際上足以解決個體經濟學考試出題水準的複習題

內文不僅有趣又好玩，也能夠應對目標考試並達到合格標準。在複習題的部分，能夠挑戰公職考試水平（就職測驗水平），並且能夠確認自己的學習成果。

本書的內容，涵蓋能通過公職考試（就職測驗）共同科目（經濟）的範疇。而要達到專業科目（個體經濟學）也能合格的程度，還需要更進一步的學習。但由於已經學會了基本的思考模式，應該能有足夠的信心來挑戰更專業的學習或考古題。

圖解個體經濟學　　目錄

第 2 章　學習經濟學的事前準備　95

第 3 章　經濟理論　113

第 **1** 章

走在街上觀察
個體經濟學

在第 1 章當中，一邊觀察街道上的各種樣貌，一邊運用經濟學的思考模式，逐漸熟悉經濟學思維。

在這裡所看到的地圖，並不是什麼特殊的街道，而是以四處可見的街道做為範例。第 1 章的學習目的是為了能夠從日常生活中一點一滴的累積出經濟學的思維模式。

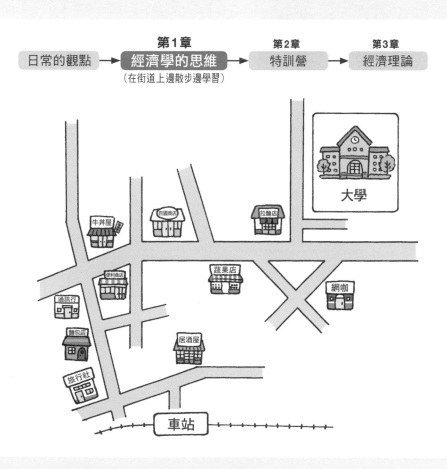

Unit 01

說不定，做了錯誤的選擇？

思考關於機會成本

我們將展開經濟學的學習。首先讓我們從「經濟學」的教室離開，來到日常生活的空間，一邊確認在我們生活中用到了多少「經濟學」，並一點一滴地學習經濟學的思維。

把這本書拿在手上，到平時上學的路上走走吧！

經濟學似乎與日常生活並行呢。

1 思考最佳選擇

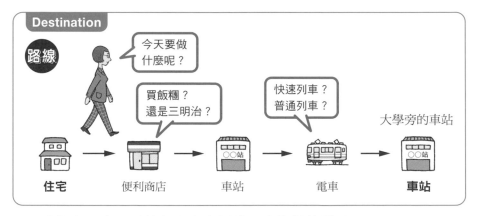

我們在日常生活的行動之中經常面臨複數的**選項**。

例如，讓我們把重點放在前往大學時，從家裡到車站，再從車站搭車的方式吧。即使我們平時沒有察覺，但人們的行動中經常面臨了各種

選項，而在當下，我們會考量數量或搭配等因素，努力達成自己的欲求。

可以透過回顧自己所做出的決定，約略看出經濟的脈絡。

起初，想說買份早餐而走進便利商店，卻又猶豫起該買飯糰還是三明治？說不定會再帶瓶優酪乳。錢包中金錢的多寡左右了選擇性的豐富程度。但如果看到特價商品，又會倏地改變心意吧！另一方面，便利商店的經營也是針對顧客的此種特性，並非毫無根據。反覆摸索打工的人數、採購數量或接受訂單的業者，也都事先考量過要從哪裡採購原物料、庫存量或廚房的規模要多大。即使只是隨性的購物，在買賣的選項當中，彼此應該都會做出最好的選擇。

昨天喝過咖啡了，今天改喝紅茶吧！

賣掉紅茶了！感覺應該增加採購量！

想快一點抵達大學於是搭了快速電車。連快速電車這樣的東西，也都有使用者與供給者各自的考量。例如，快速電車由於停靠站數少，快速性高；但反過來說也因為停靠站數少，對沿線的居民而言便利性就降低了。簡而言之，若速度愈快便利度就愈低，可說是形成了**若滿足一方就無法顧及另一方的取捨關係（trade-off）**。而這種取捨關係對於人們在做出選擇時產生了巨大的「束縛」。

穿牛仔褲就不能穿棉褲，兩者間存在著取捨關係呢！

若有了「萬一電車誤點可能就會錯過第一堂課」的念頭時，會考慮使用什麼方式呢？當趕得上第一堂課的交通工具組合（最佳條件）無法達成時，應該會設想至少能趕上第二堂或第三堂課的交通方式吧。而這種消極地選擇「**至少**」的「**次要手段**」（Second best），也許是與最初的最佳條件截然不同的手法當中所選出（比如轉搭公車或是改到其他車站搭乘，又或者撒謊說親人遭逢不幸）。

來不及了！這樣的話只好選擇最後的手段了！

這種稱為「次要手段」的想法，也成為經濟學當中的決定因素呢！

　　在日常生活中下了「就這麼辦吧」的決心時，應該也採取了這種取捨關係或次要手段的想法。另外若被教職員告知出席天數會影響成績的話，**獎勵動機（Incentive）**的作用下（為了刺激或誘發人們行動的慾望），會去設想自己的生活型態絕對要往早起去上課的模式改變。

　　人們這樣生活，簡直就像「一筆完成的畫」似的，只有單向通行的選擇，而這就形成了我們接下來要學習的經濟學基礎。

突然間有了衝勁！大家都以全勤為目標吧！

這又是個強力的獎勵動機（Incentive）。

若每天都去大學上課，一天假都沒有請的話，就請吃甜點吃到飽哦！

在通往大學的街道散步

從車站到大學的道路，如下所示。就按照平常的路線行進吧！

大學
百圓商店
拉麵店
牛丼屋
便利商店
蔬果店
網咖
通訊行
麵包店
居酒屋
旅行社
公車站牌
車站

在通往大學的街道散步

2 思考就讀大學的成本（機會成本）

STEP 1

以經濟學觀點來看待平時行經的街道

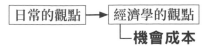

日常的觀點 → 經濟學的觀點
　　　　　　　└機會成本

> 雖然有點緊張，但踏出第一步吧。

　　在我們進行前往大學的街道散步之前，思考一下關於大學升學的事物吧。應該有許多人為了將來的出路而煩惱。

　　首先，經濟學提供各式各樣的選項當中，有個稱為**機會成本**的思考方法。我們把機會成本這個思考模式，利用以下幾個典型範例來說明。

　　例如，決定升讀大學時，應該有不少人最在意學費的金額。請試著計算大約需要花費多少錢。一般而言，就讀大學的成本大約是學費或教科書這類雜七雜八的費用，通常我們會把這些可見成本相加計算。這樣一來，學費應該會占有相當大的比重，但在經濟學當中，最大的費用卻是被稱為機會成本的費用。

　　這裡的機會成本是指放棄就讀大學，把相同時間拿去工作所能賺取的薪資，總而言之就是指「**應得利益**」。由於犧牲掉原本應該可能得到的金錢而去就讀大學，再加上這部分的金額後，實際上的費用會更加龐大。更何況若是犧牲了成為職業運動選手而獲得豐厚酬勞的機會去就讀大學的話，加上簽約金及4年份的選手薪酬，大學的升學費用將會變成一個令人不可置信的天文數字吧。

　　因此，機會成本就是指在複數選項中選擇了其中一項後，而不得不放棄掉其他選項所帶來的獲益，在經濟學上被放在「**費用**」的位置。這部分將以**成本**（Cost）來計算。

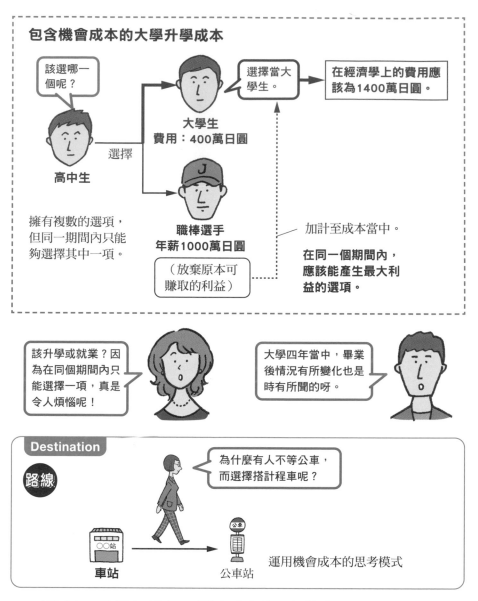

包含機會成本的大學升學成本

該選哪一個呢？

選擇當大學生。

在經濟學上的費用應該為1400萬日圓。

大學生
費用：400萬日圓

高中生

選擇

擁有複數的選項，但同一期間內只能夠選擇其中一項。

職棒選手
年薪1000萬日圓

（放棄原本可賺取的利益）

加計至成本當中。

在同一個期間內，應該能產生最大利益的選項。

該升學或就業？因為在同個期間內只能選擇一項，真是令人煩惱呢！

大學四年當中，畢業後情況有所變化也是時有所聞的呀。

Destination

路線

為什麼有人不等公車，而選擇搭計程車呢？

車站　　　　公車站

運用機會成本的思考模式

接下來，我們來應用一下機會成本的思考模式吧。

在車站前的公車站旁也有計程車招呼站。而公車需要一定的等候時間，當公車誤點時，也有一些人會趕忙改到計程車站搭乘計程車。

搭乘計程車必須花費比公車更多的金額，但是若等待公車需要10分鐘的話，把時間拿來工作能夠賺取比計程車資更高額的收入的情況下，想法應該會有所改變。等待公車的時間並不是免費的。

公車站的思考

等待公車的 10 分鐘裡，我沒有失去什麼嗎？

公車站

等公車十分鐘

相比較

機會成本
若這10分鐘換做是勞動的話，能夠獲取利益。

這果然還是種選擇。

因為現在公車站會顯示下一班公車的等待時間，變得更容易判斷。

在眾多的選項之中，我們理所當然會想要選擇成本最低的那一項。但背後若加上機會成本的考量時，應該就能明白並不能單純以公車的車資「比較便宜」來做為判斷依據。

機會成本的思考方式，並不侷限於大學升學費用，這個思維模式也能應用在等候公車的時間。等候公車的時間和勞動的時間擁有同等價值。

例如，對於時薪1000日圓的人來說，等候公車一小時的機會成本就是1000日圓。若是有簽訂上億日圓契約相關的重要商談會議時，等待公車的時間就會等值於上億日圓單位的金額。若是如此，就會立刻搭上計程車以最快的時間趕到工作的地方。因為「時間就是金錢」。

睡眠時間也必須計算費用哦！

《參考》使用經濟學角度來思考看看會議的成本吧！

有些公司經常舉行會議。的確，員工們互相討論交換意見並制定新產品是十分重要的事情。但若沒有以經濟學的角度來評估這些時間的費用（成本）的話，就算做出再好的商品也是枉然。如同下列的範例之中，若把機會成本計算進去即可判斷出會議具有極高的成本。

● **眼睛看得到的費用**

提到會議所需的經費，有資料準備的費用、茶水費等其他支出，另外若對方是出差前來的情況下還會產生交通費用。

● 機會成本

　　用經濟學的思維來考量的話，這個會議所花費的成本絕不只有眼睛看得到的項目而已，也必須把機會成本一起考量進去，同時也應該將為了進行這項會議所被犧牲掉的利益一併計算進來。

　　①由於這個會議場地是公司自有，因此零場地使用費。若不使用它而出租給外面的人估計應該可以有租金所得。總之，我們可以想做是由於無償提供公司內部使用，因而無法獲取應得收益。（＋加計了預期租金收入）。

　　②為了出席會議，會衍生出員工無法工作的問題。參加會議的員工們只能眼睜睜地看著原本用來工作的時間所能賺取的金錢流失了。（利潤損失）（＋加上員工們把時間用來工作所能賺取的營業收入）。

把所有的工時分配給錢賺最多的工作，應該才是最有效率的吧。

　　另外，「為何鍵盤打字速度快的律師們要雇用熟練度低於自己的祕書呢？」這個問題也是說明機會成本的典型範例，當然，這也是把機會成本考量進去後的結果。律師會避免讓key-in文章等處理事務的時間剝奪他們律師的執業時間。簡單來說，比起快速key-in文章，會更優先把被犧牲掉的勞務時間之同等利益控制在最小的限度內。

STEP 2

從經濟學觀點及商業觀點來觀察

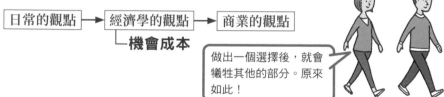

日常的觀點　→　經濟學的觀點　→　商業的觀點
　　　　　　　└ **機會成本**

做出一個選擇後，就會犧牲其他的部分。原來如此！

Destination

路線

為什麼居酒屋能提供超便宜的午餐呢？

車站　→　公車站　→　居酒屋

機會成本思維模式的應用

　　這種經濟學特有的機會成本，就像隱藏在日常生活空隙中的金礦一般！若是能夠發掘它，對公司而言會是筆巨大的利潤。

　　剛好有居酒屋，我們就來參考一下運用機會成本的管理方式吧。這是一間白天沒有營業的居酒屋，突然從某一天開始供應午餐，而且能夠用令人訝異的低廉價格提供，這是如何辦到的呢？

　　由於居酒屋白天沒有營業，所以這個時段的機會成本是零（並沒有因為白天犧牲掉任何利益）。由於在經濟學上計算居酒屋的經常性費用時，已經把機會成本包含進去計算，因此相較於其他簡餐店，在午餐的部分居酒屋就能夠以低成本來提供相同商品。

　　並且員工或食材也能夠使用居酒屋原本的既有之物。因此，能擁有壓倒性低成本的優勢商機。

　　其他類似這樣零機會成本或極低機會成本的商業模式列舉如下。

如果能利用空的位置，就可以用零機會成本開啟商機！

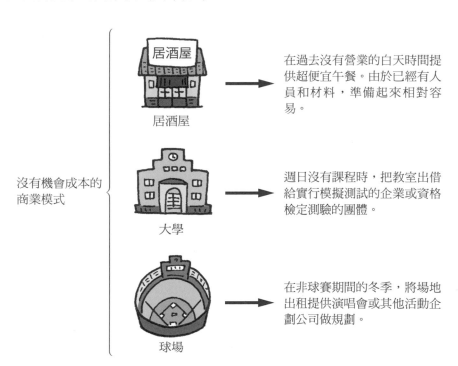

沒有機會成本的商業模式

居酒屋

在過去沒有營業的白天時間提供超便宜午餐。由於已經有人員和材料，準備起來相對容易。

大學

週日沒有課程時，把教室出借給實行模擬測試的企業或資格檢定測驗的團體。

球場

在非球賽期間的冬季，將場地出租提供演唱會或其他活動企劃公司做規劃。

透過 SNS（社群網路）分享世界各地的資訊，將「空間」活用的經濟共享服務普及化了。經濟共享服務是將「空的停車場」、「空的房間」「空的房子」等零機會成本的資源，也就是平日生活當中沒有運用的物品以便宜的價格來提供，這些資源透過網路得到了供需。

3 機會成本與國際分工（比較優勢）

最後，我們將它應用於經濟理論。

STEP 3

從經濟學觀點與商業觀點來觀察

我們把機會成本的思考方向進一步放寬吧。

到國外旅遊時，能夠在世界各地看到日本的汽車或相機。為什麼能夠做出如此優秀的產品呢？這是因為全球資源中優良的產品和日本的製造商進行交易，將這些資源商品化，使它們可以刺激各個國家人民的物慾。

若只使用日本單一國家的資源，產品的功能應該會有所受限。而市場所產生的利益，就是被這種稱為國際分工的系統所支持著。

例如，雖然不管是誰都會認為按照自己的心意來建立人際關係是件十分困難的事，但是在市場流通的「物品」卻能輕而易舉地克服這個問題，與自己理想符合的物品很快就被商品化，並且能夠從市場取得。

事實上，這種市場機制才是人類最大的發明，也可以說是人類由猴

子進化後最大的功勞，這是因為在根基處有一個叫做**分工**的系統，能夠將資源做有效率的分配，而內部則有一個能夠經常以合理價格提供我們所需物品的機制。我們將在此簡單說明分工的效率性。

為什麼會產生貿易（國際分工）呢？我們運用目前為止所學到的知識來思考看看吧。

情況 1　鎖國（自給自足）的情況

鎖國的國家，必須過著所有一切都是自己自足的生活。但效率卻會非常差，並且無法有寬裕的生活。

例如，我們假設世界上只有食物和汽車的存在，所有的勞動人口就必須都挹注在這二種產品的生產。但是若擅長製作汽車卻不擅長製作食品時，擅長生產汽車的勞動力卻會受限於不擅長的

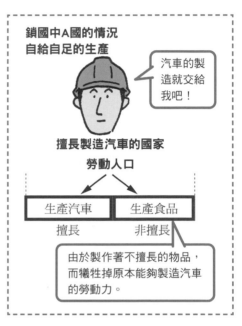

食品製造，最後的結果是全體都陷入低效能的情況。

情況 2　開放後的情況

由鎖國的情況改為全球化，在展開貿易後應該能令生活面貌產生相當大的改變。

這是為什麼呢？由於原先必須由自己國家生產全部的生活必需品，變為只需要針對自己專長的部分進行**專業生產**，將自己不消費的多餘部分**出口**，並交換自己不擅長生產的物品（即進口），就能夠備齊生活當中所需要的物品。我們用以下的圖片來說明。

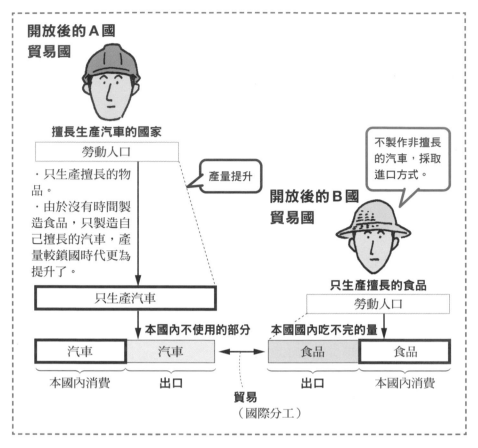

A國由於鎖國的關係必須連自己不擅長的食品都自行製造，因此奪取了原先生產汽車的勞動力。

總之對A國而言，在相同的時間內去生產汽車的效能才是最好的，並且應該能夠獲取更大的利益，但卻為了進行另一個食品製造的選項，只得眼睜睜地看著原本能夠獲取的利益流失了。

但在開始進行貿易後，由於可以將所有勞動力挹注於擅長的汽車生產上，能夠生產更多的汽車（全體的生產力增加）。並且將這些汽車出口，從擅長製造食品的B國進口食物的話（B國不擅於汽車生產製造，展開貿易後只進行食品生產），比起展開貿易前，各國都能得到更多的汽車或食品了。在此所謂的善於生產，是指能以比對方更低的機會成本來生產的情況。也因此能夠以相對較低的成本進行生產製造。這就是所謂的**比較優勢**，對這些擁有比較優勢的物品進行專業生產，每個國家進

行分工生產，正是各國間相互的期望。

在把機會成本考量進去的前提之下進行貿易行動。

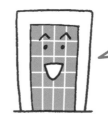

若日本只針對擅長的汽車進行生產的話，車子的製造量肯定很驚人！

經濟新聞「刊載文章」

　　國際分工是指，每個國家把生產重心放在自己擅長的部分，進行有效率的生產活動。這不單只是指日本與美國汽車與飛機這種完成品的貿易（進出口）。例如，半導體這一類，進行工程之間的分工，由日本製作半導體裝置，台灣或新加坡製造零件，再由中國進行大量的組裝。

Unit 02

思考關於邊際成本

在前一個章節我們學習了關於機會成本這種平常眼睛看不見的成本。接下來我們將以經濟學的思維進入探討關於實際看得到的成本。

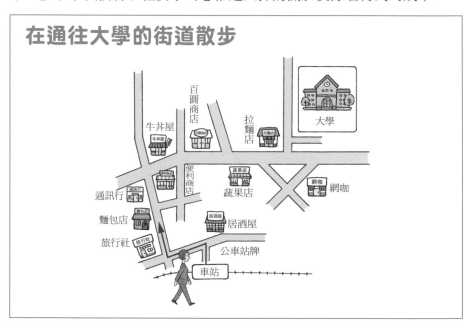

在通往大學的街道散步

大學

百圓商店

牛丼屋

拉麵店

便利商店

通訊行

蔬果店

網咖

麵包店

居酒屋

旅行社

公車站牌

車站

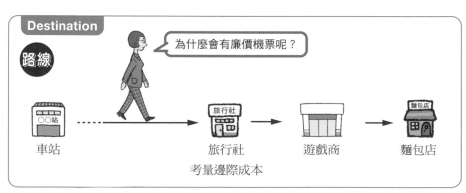

Destination

路線

為什麼會有廉價機票呢？

車站 ┄┄▶ 旅行社 ➡ 遊戲商 ➡ 麵包店

考量邊際成本

在暑假前或到了旅遊季節時，各種旅遊套裝如雨後春筍般推出，令人眼花撩亂。而我們應該會注意到在這之中，竟然有令人驚訝的廉價機票或飯店優惠住宿等商品。而且如同當日促銷般，也有愈接近出發日預訂，就愈能取得超低價的方案。為何能夠提供如此便宜的價格呢？讓我們來思考看看吧。

銷售廉價機票的網站真是個全球競爭激烈的戰場呀！

販賣廉價機票的話，公司經營上不會產生問題嗎？是否已做好財務赤字的準備了呢？

能夠以便宜價格銷售，我想自然有它的「理由」！例如，如同即將打烊的超級市場或麵包店的半價促銷。由於剩下沒有賣完的物品是沒有利潤的，所以我們可以猜想因為便宜賣出也沒關係，至少能增加一些營業額。

但是廉價機票並不是沒有賣完的物品，無論是便宜票價還是常規票價，基本上它們的對應關係是相同的。但當飛機有空位時，與其讓它空在那裡，不如多少增加一些收入，多一個乘客當然還是比起空著沒有人搭乘來得好。雖說如此，卻不能因為沒有利潤就免費提供。因此，必須考量可以降低多少價格。

1　「1個」的成本（平均成本與邊際成本）

成本，也就是指費用，如同在記帳簿裡記帳一般，簡單來說就是指支出金額的合計。但是，與家計簿不同的是，以生產者的立場，若不能產生利潤就無法做生意，因此銷售額必須高於已支出的成本。即使是數千日圓的便宜機票，也絕不是不把利潤當一回事的贈品，而是旅行社以利潤規劃為基礎所推出的商品。這項成本，也就是經濟學當中所說的費用，分為平均成本及邊際成本來說明。

STEP 1

以經濟學的角度看待平常行經的街道

日常的觀點 → 經濟學的觀點
├ **平均成本**
└ **邊際成本**

相同的金額，但觀點卻不相同呢。

成本（費用）有各種不同的種類呢！

平均成本（每1個的成本）

在經濟學當中，與其把所有已支出的金額當做成本，會更傾向計算每1個需要花費多少成本？以客機來說，就會採用每1位乘客需要花費多少成本的方式來計算。

讓我們來想想數學當中「求計算平均身高」的題目吧。就是把所有的人身高相加後再除以總人數的計算方式。在經濟學當中也使用相同方式來計算平均成本。簡單來說就是把費用總和除以數量（生產量或人數），計算出每1項成本或每1人成本的處理過程。

我們來試著解開例題吧。廉價機票的某條路線每飛行一次的合計費用（燃料費、落地費、停泊費、人事成本等等營運成本的總和）需要耗費300萬日圓。若這班飛機承載100名乘客，我們來計算每張機票要多少錢才會划算。

跟平均結帳的方式一樣呢！

費用總和 ÷ 人數（乘客）＝每人平均成本（平均費用）

$$\frac{合計費用}{人數（乘客）} = \frac{300萬}{100人} = 3萬日圓$$

每1個人的成本（平均費用）

在經濟學當中，除法的計算以分數的形式來表現。

費用總和除以人數後，就能計算出每1人的費用（成本），這就是**平均成本**。

這種每1人的費用（每1個商品的費用），也就是平均成本，意指機票的價格若在平均成本3萬日圓以上的話就會產生利潤，反之在3萬日圓以下的話則會產生損失的損益兩平點費用。

> 每1個的費用（平均成本）與每1個的收入（價格）相同的情況下，就會產生利潤。而這個情況稱為**損益兩平點**。
>
> （「每1個」即「每1人」為同意義）總而言之，
>
> 平均成本＞價格　的話為損失
>
> 平均成本＜價格　的話為利潤，可營運之情況。

由於是總費用除以人數的關係，飛機在愈多人搭乘的情況下，平均成本就愈低。因此人數少的私人飛機當然就十分昂貴了。

邊際成本（每增加1個的費用）

　　使用平均的思維去思考關於費用（成本）時，並不會刻意使用「經濟學」的框架，而是使用一般的想像。也有不少人在日常採購時會去計算每公克多少錢？運用這個方式有效率地採購便宜商品。

　　在此我們將進入探討關於邊際成本這個非常經濟學的話題。

　　這種運用考量邊際成本的想法，即使運用平均成本計算山機票價格在每人3萬日圓以下的情況下會無利可圖，但卻仍然可能會成真。

　　在淡季有大量空位的時期，或是接近起飛日期時尚有空位的情況時，與其空著座位起飛，不如讓那些想搭卻搭不了，換句話說就是付不起3萬日圓平均成本的人們搭乘。我認為對航空公司而言這是合理的判斷。

　　在這種情況下，除了平均成本這個衡量標準之外，還有另一種被稱為邊際成本的考量方式，讓我們能試著改變觀點。

　　所謂**邊際成本**，與平均成本同樣是計算看看每個人需要花費多少金額，但是相對於平均成本是指**「每1人的費用」**，邊際成本是指**「每增加1個人的費用」**。

　　例如，班機上並不是所有乘客費用都是相同的，從第1人到第2人、第10人到第11人、第50人到第51人，每增加1個人所花費的費用

都不盡相同。100個人搭乘的情況下，我們需要去了解最後第99人到第100人所產生的費用。

每增加1個人的費用

我們把追加的乘客數與費用之間的關係用圖表化的方式來解讀。如果每1位乘客所花費的成本相同時，圖表應該會呈現出下列成本曲線-1的樣子，依對應數量把相同的金額加進去計算。

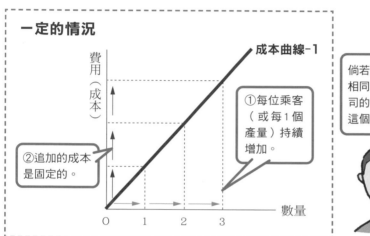

一定的情況

成本曲線-1

費用（成本）

①每位乘客（或每1個產量）持續增加。

②追加的成本是固定的。

數量

O　1　2　3

倘若所有的乘客花費相同的成本，航空公司的成本曲線呈現出這個樣子呢。

但是，依商品或服務的不同，生產第一項商品或服務需要耗費相當的金額，但也有一些部分會隨著生產花費愈來愈少。機票等的運輸服務正是如此，會呈現如成本曲線-2的形狀。

＊遞減並不是指總量的減少，而是數量或金額的增加幅度減少了。是個不熟悉的名詞，但在經濟學當中被頻繁使用。

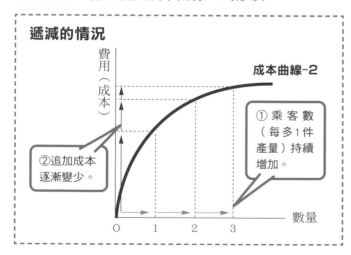

遞減的情況

成本曲線-2

費用（成本）

①乘客數（每多1件產量）持續增加。

②追加成本逐漸變少。

數量

O　1　2　3

原來如此啊。實際上的費用會逐漸遞減！

說明成本曲線-2縱軸的費用（成本）與橫軸的數量間的關係。看到縱軸的費用（成本）我們可以發現，從最初的第1人花費最多的金額，隨著第2人、第3人的增加費用逐漸減少。

為了承載第1位乘客，必須購置飛機及相關設備，所以耗費相當大的金額，但是要承載第2名乘客時就不需要再購買飛機或設備了。這個追加費用（追加成本），我們把它假定為邊際成本的話，可預期到必要經費會隨著數量的增加而減少。例如，若人數多的情況下可以機械化的程序，機內餐也可以批量製作來壓制成本。在這樣的背景之下，我認為第99人到第100人所花費的費用（成本）就非常微小了。從觀察現場可得知，實際上追加費用的明細當中，比較極端的部分大概是機內的飲料費或點心費等等。若是如此，因為只要能回收這些飲食成本即可，故考量邊際成本之後，就有可能會考慮販售超級低價的機票。

STEP 2

日常的觀點 → 經濟學的觀點 → 商業的觀點
　　　　　　└邊際成本　　　　└0邊際成本的商機

運用邊際成本的商業行為不只限於機票，我們可以在各個角落看到它。

例如，軟體公司在生產單一軟體時，花費了鉅額的開發費用，但轉換為邊際成本時由於只是每張軟體的費用，因此下降了數百單位。若能更進一步使用下載方式的話，了不起只會花費伺服器的費用吧。

你有玩過社群遊戲嗎？

買智慧手機後就看到廣告了。

（總而言之，網際網路的社會中有機會將邊際成本降到0。）

只要能夠賺取下載數量，幾乎就花費不到邊際成本，並且能夠實現較高的利潤計劃。反過來說，無法賺取下載數量的情況，僅初期投資成本就讓公司感到吃緊，服務可能也會提早終止。例如，社群網路遊戲（手遊），在一定期間內沒有受到消費者歡迎的話，服務將會提早終止就是因為這個道理。

使用這個例子來思考看看。

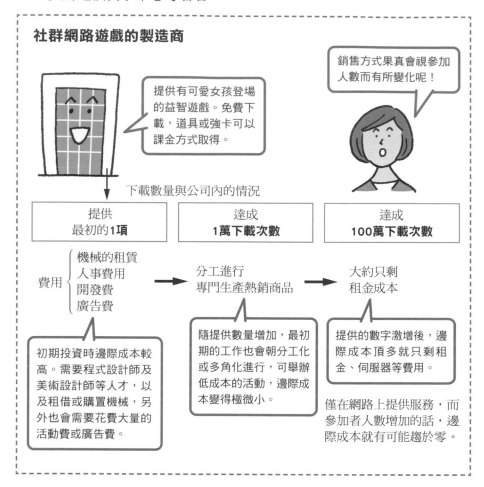

就算你是對網路不熱衷的人，也可以用麵包店來輕鬆想像邊際成本的企業。在最初製作第1個麵包時的費用（成本），因為必須準備廚房而顯得十分巨大，因此生產量少的時候負擔就會比較大。但是當大量製作麵包時，假設生產第100個到第101個時所花費的邊際成本，應該就僅止於麵粉的費用。書籍在大量印刷時增加的大多也只是紙張成本而已，所以我們認為它的邊際成本十分小。然而，即使邊際成本小的書籍也經常會產生「暢銷破產」的話題。賣出了許多的書籍照理應該是賺錢的，雖然只不過是紙張費用而已，但是超出預期的增量印刷才是使經營惡化的主因。

經濟新聞「刊載文章」

> IoT（Internet of Things. 物聯網）的普及化，被認為是一種會使得邊際成本趨近於零的商業模式。例如，只要將麵包的材料準備好，並下載高級飯店麵包店的食譜，使用智慧型烘烤爐（配備有3D列印功能的機種）來製作的話，就不用特地到大飯店去，只需要花費一點點的材料費用就能夠在家中製作出一模一樣的產品。

《參考》為何社群網路遊戲免基本費呢？

乍看之下，社群網路遊戲可以用「因為邊際成本為零所以免費供應」來輕鬆解釋。但這樣會使社群網路遊戲商無法持續營業活動。在這裡能夠使用經濟學當中的沉沒成本（埋沒成本 Sunk Cost）來說明。

沉沒成本（埋沒成本）是指，過去已支出的費用當中，若未來的計劃有所更動或中止時無法回收的項目，使用「埋沒」這樣的字眼就像是形容埋進地下一般，再也拿不回來的費用。例如，幾年前購買的高價智慧型手機發生故障時，與其花修理費修繕，不如重新購買已降價的新品還來得更省錢一些。而且，對於當時支付高價購買這支智慧手機的記憶已經消失（**沉沒成本的詛咒**），結果還決定支付修理費而總是過著如此低效能生活的人應該還是大有人在吧。但是，支付於這支高價智慧手機的費用全都會成為沉沒成本。

同樣的，在社群遊戲免費期間若不購入付費的追加項目因而無法前進時，這個社群遊戲的免費範圍就宣告結束了。但是所收集的品項及參加的團體、經驗值、時間等所花費過的心思的記憶卻沒消失，最後還是購買了付費品項或卡片等道具。

2 追加成本的特徵（成本曲線的形狀）

最後，我們將它們應用到經濟理論。

> 說不定我能夠成一位經營者呢……

STEP 3

日常的觀點 → 經濟學的觀點 └機會成本 → 商業的觀點 → **朝向經濟學理論方向** └**成本曲線的特徵**

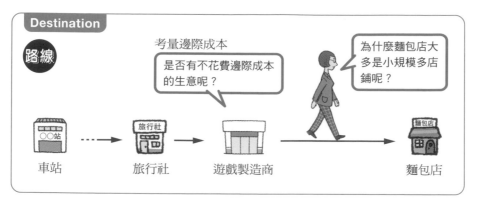

路線

考量邊際成本
是否有不花費邊際成本的生意呢？

為什麼麵包店大多是小規模多店鋪呢？

車站　　　旅行社　　　遊戲製造商　　　　　麵包店

到此大家應該都有個疑問。因為麵包店的邊際成本很低，所以應該做得愈多賺得愈多才對，這樣一來就算開更大間的麵包也不奇怪呀！但是我們在街道上看到的麵包店幾乎都是小

話說回來，麵包店真的多是小規模的店面呢。

規模，只生產一定數量的麵包，而且種類也有限制。你能想到是什麼樣的理由嗎？

像麵包店這樣的商家，將18頁所提及的費用（成本）與數量的圖表放大並延長來看。這樣一來，首先在情況1，到達A點的水平為止，數量增加的話，大量的進貨及大量的運輸會使成本下降，並且隨著工作人員的分工或是機械化、專業化的進步，我們可以看到邊際成本愈來愈小了。

然而，若超過情況2的A點（程度會因公司有所差異）時，會因為生產量增加、工作人員增加而使管理費或員工福利等額外的成本，隨著數量增加變得沒有效率，只是徒增邊際成本。

總之，對麵包店而言有一定程度的理想生產量、銷售量及商店規模，當產量在這之上被判斷只會產生多餘的成本時，就能夠判斷不宜擴張事業。

如此一來，這間店不是擴大營業而是應停留在最適宜的生產水準，並會被判斷在其他地方開設另一間店面較為理想。

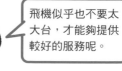

飛機似乎也不要太大台，才能夠提供較好的服務呢。

情況 1　能夠有效率生產的時候

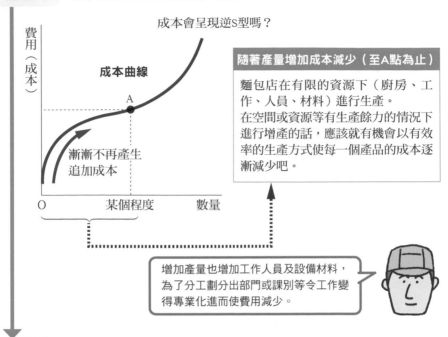

成本會呈現逆S型嗎？

費用（成本）

成本曲線

A

漸漸不再產生
追加成本

O　　　某個程度　　　數量

隨著產量增加成本減少（至A點為止）

麵包店在有限的資源下（廚房、工作、人員、材料）進行生產。
在空間或資源等有生產餘力的情況下進行增產的話，應該就有機會以有效率的生產方式使每一個產品的成本逐漸減少吧。

增加產量也增加工作人員及設備材料，為了分工劃分出部門或課別等令工作變得專業化進而使費用減少。

情況 2　生產變得無效率

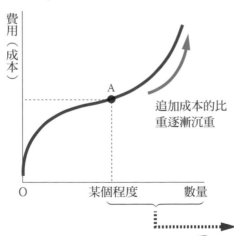

費用（成本）

A

追加成本的比重逐漸沉重

O　　　某個程度　　　數量

隨著產量增加成本也增加（由A點開始）

隨著增產，增加設備的投資並且需要更多的廚師及員工，增加了許多額外的人手使得薪資福利等費用跟著增加，為確保沒有後顧之憂，管理費用也增加了。

工作人員過度增加時，與生產無關的費用會增加造成效率低落。小規模店面也許反而能維持美味。

　　與遊戲軟體公司N公司相關的「費用」當中，哪一些是適用於機會成本的事項呢？請從下列選擇出適當的選項。

1. N公司的遊戲幾乎都是免費。但是使用者即使在免費期間結束之後，由於受到所收集的卡片、耗費的時間及已支付的「成本」束縛，無法中途退出。因而形成不知不覺開始購買付費道具無法停止的情況被稱之為機會成本。

2. 由於N公司的A軟體整體費用為100萬日圓，若在只能製作100組的情況下每1組的顯示成本為1萬日圓，但是若能製作100萬組時，每1組的「成本」僅需1日圓。

3. 身為A公司經營者的天才程式設計師，聘用編輯速度比自己慢的程式員的原因是，若經營者自己執行程式編撰時，經營者身份的工作時間就不得不刪減。考量這個「成本」後，認為由其他人來執行會更加的有效率。

4. N公司砸下數億日圓開發遊戲軟體。但仍能預期獲利的原因是販賣的軟體本身的成本相當低，可以說是每1片追加生產所耗費的「成本」幾乎是零的關係。

5. 在N公司的遊戲用伺服器，無論生產量是多少都要支付固定成本500日圓。

（市政府上級　改題）

【解說】

1. 是指沉沒成本（埋沒成本），無法遺忘過去所支付的，無法回收的成本而形成「束縛」，有時候還會產生追加成本的情形。

2. 是指平均成本。將全部的費用除以個數後計算求出「每1個的成本」。

3. 是指機會成本。所謂機會成本，即使用成本這個詞彙但實際上是指「利益損失」的部分。經營者若去從事其他的工作，就會失去同一時間內應該獲取的利益。

4. 是指邊際成本。即使開發費用龐大，但追加時所產生的成本卻極少，在某些時候可能只需要光碟片本身的價格就足夠了。

5. 是指固定成本（將在下一個章節Unit03說明）。指即使生產量為零也必須支付的固定金額的費用。例如：如同房貸般與生產量無關但一定要支付的定額費用。

綜合上述，**正確答案為3**。

Unit 03

為什麼家電產品都是中國製造呢？

難以刪減「人事費用」等固定成本！

也許在Unit02的開頭就提過，如同處理丼飯帳單般的平均成本，這個平均成本，是近20年來與液晶螢幕或智慧型手機同樣受到注意的經濟學用語之一。

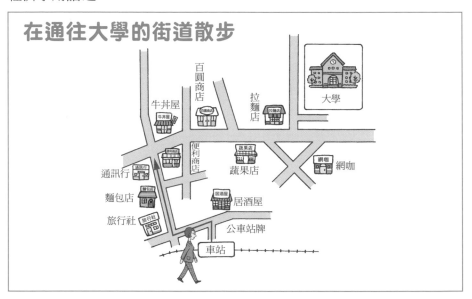

在通往大學的街道散步

1　平均成本與規模經濟

STEP 1

改變觀點

日常的觀點 ⟶ 經濟學的觀點
└ 平均成本

我的智慧手機是中國製的。

周遭的家電也都是中國製造。

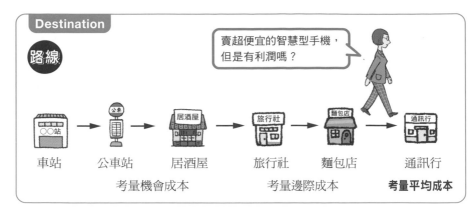

90年代以後，日本受到日圓升值的衝擊，為了維持國際競爭力被迫竭盡全力地刪減成本。因此傾向在海外，尤其是東亞及東南亞地區尋找生產據點。

因為若能將成本壓低，就能確保以低價販售時的利潤。

如此一來，就產生了所有的產品都在人事成本低的中國等地生產比較好的印象，實際上將智慧型手機或液晶電視等電子機械設備集中並進行大量生產，背後的理由究竟是什麼呢？

情況１ 過去的電子機器製造商

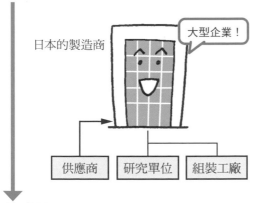

過去的電子機器製造商在自己公司內進行研究開發，致力於製造或販售商品，還包括了售後服務。

情況２ 近期的電子製造商以平均成本為考量基礎

看看我們周遭的工業產品，由海外製造的商品占了大多數，特別能留意到電子產品幾乎都是由以中國為中心的東亞或東南亞國家所製造。

為何日本率先其他先進國家委託這些國家呢？換句話說，我們必須

思考為何日本無法在製造業當中競爭的原因。

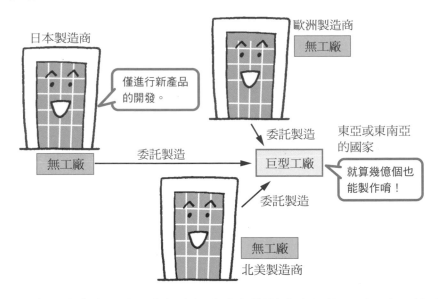

在東亞或東南亞地區有能容納許多相關從業人員的巨型工廠，接受來自世界各地製造商的訂單後進行生產製造。接到訂單的專業製造公司，為了進行生產，大量購入原物料或引進能大量運輸或大量生產的機械設備等，並且進行大規模的生產作業。

在此要留意的是，生產電子設備時的大型製造設備、作業員及大規模的倉庫等，都是與生產量無關的成本，換言之，像「租金」等必須支付的固定成本相當高。

由於固定成本會被當作各別成本分配給每個產品，故生產量愈大，每一個產品的成本（平均成本）就有再降低的可能。因此，各國的製造商認為與其使用自己公司的生產設備，為了避免固定成本，不如委託給可以大量生產的巨型工廠來得更有效率。

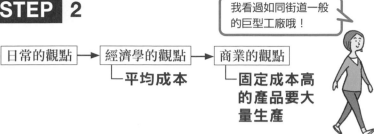

STEP 2

日常的觀點 → 經濟學的觀點 → 商業的觀點
　　　　　　　└平均成本　　　└固定成本高
　　　　　　　　　　　　　　　的產品要大
　　　　　　　　　　　　　　　量生產

> 我看過如同街道一般的巨型工廠哦！

　　隨著生產規模的擴張，能夠降低每一個產品的費用（成本）的情況稱之為**規模經濟（Economies of scale）**。例如為製造智慧型手機，必須購買1億日圓的製造設備。製造設備被歸類於固定成本的項目，是即使產量為0也必須支付的費用。我們舉下列的例子說明。

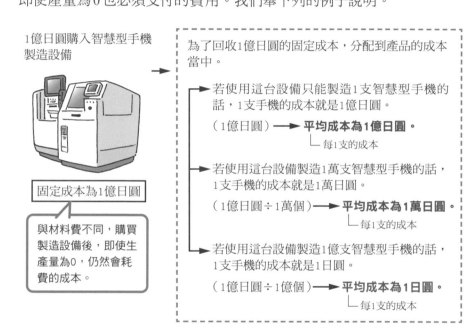

1億日圓購入智慧型手機製造設備

固定成本為1億日圓

> 與材料費不同，購買製造設備後，即使生產量為0，仍然會耗費的成本。

為了回收1億日圓的固定成本，分配到產品的成本當中。

若使用這台設備只能製造1支智慧型手機的話，1支手機的成本就是1億日圓。

（1億日圓）→ **平均成本為1億日圓。**
　　　　　　└每1支的成本

若使用這台設備製造1萬支智慧型手機的話，1支手機的成本就是1萬日圓。

（1億日圓÷1萬個）→ **平均成本為1萬日圓。**
　　　　　　　　└每1支的成本

若使用這台設備製造1億支智慧型手機的話，1支手機的成本就是1日圓。

（1億日圓÷1億個）→ **平均成本為1日圓。**
　　　　　　　　└每1支的成本

　　例如，中國的組裝製造商能以億為單位來製造智慧型手機的話，日本的企業即使擁有再高端的技術也無法超越利用規模經濟生產的成本優勢。

> 生產相同的智慧型手機，卻會因為生產數量使成本完全截然不同！

　　雖然中國組裝業所生產的產品大都是固定成本較高的電子設備；然而這項固定成本，卻是每個國家的製

造商都想刪減，實際上卻難以減少的成本。例如，不僅是機械設備，還有如人事成本這類低彈性的固定成本，這並不是只有減少員工人數就好而已。

　　許多的電子機器製造商並不在自己公司的工廠進行生產，而是委託其他業者進行生產，稱做外包（Outsourcing）EMS（Electronics Manufacturing Service）。利用這個方式在組裝工廠可以透過大量採購如複數產品的液晶螢幕等的共同部分零件，或在人力費用低廉的地區進行組裝的規模經濟達到刪減成本的目的。

《參考》為何美國的大型IT製造商只從事開發及銷售呢？

　　關於電子機器被外包至國外巨型工廠進行生產的理由，除了製造商避免固定成本之外，還與電子機器本身的附加價值及收益性相關。所謂電子機器設備，並非如同汽車般將各個部分零件組合及協調以提升性能，而是要使每個獨立的零組件在組裝後夠成為新的產品。

　　當然，若每個零組件都能夠替換的話，每間製造商就都能夠參與製造，組裝本身並不需要技術。也被稱為**模組化型產品（modular）**。若以這個想法舉例，即使汽車這種高附加價值的商品，若由IT製造商來生產，會變成只製造方向盤、電池、輪胎這三個部分，其他各零件由專門的製造商生產，並且若能在中國的大型工廠進行組裝，預期售價應該能夠大幅下降。在這樣模組化型的生產界當中，有一個關於製造被稱為**「微笑曲線」**（Smile Curve）的學說。

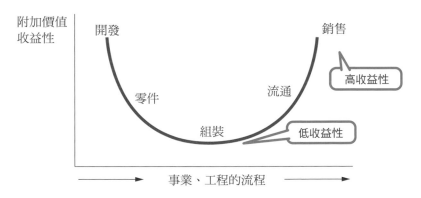

　　所謂微笑曲線，是指製造工程及產生多少利潤（附加價值或收益性）之間的相關聯性的圖表。依循製造流程來看，會發現位於工程最初與最終階段的開發及銷售是收益性最高的階段，而由於組裝不需要技術的關係，幾乎看不到有

任何附加價值（多數的IT製造商在自己公司只進行附加價值高的開發與銷售，如店面的部分）。總之，組裝會受到成本競爭的影響，因而亞洲的低工資地區成為目標。

確實有名的IT製造商都有自己的商店呢！

維修等售後服務也有很大的利益呢。

　　所謂規模經濟，是指除了在巨型工廠進行生產製造之外，還能被頻繁應用於商業活中。例如以下的情況應該就是我們周遭容易看到的範例。

①有在知名大型網購公司展店的企業，能進行如電視廣告或活動等一般個人企業無法做到的大型廣告或市場行銷等。這是品牌形象會隨規模增加而提升的關係。
②大型壽司連鎖店購入鮪魚及鰤魚各一尾，每公克的進貨價格是一般個人商店望塵莫及的低廉。另外，隨規模愈大也愈能取得價格交涉能力的優勢地位。

2　平均成本與多元化（範圍經濟）

STEP 3

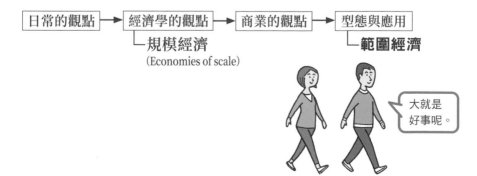

日常的觀點 → 經濟學的觀點 → 商業的觀點 → 型態與應用
　　　　　　　└規模經濟　　　　　　　　　└**範圍經濟**
　　　　　　　（Economies of scale）

大就是好事呢。

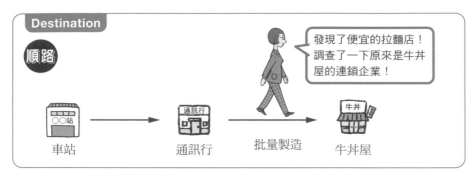

行動電話能夠快速實現低價化的背後原因是，由於透過被稱為規模經濟的大量生產，造成平均成本減少的背景因素。我們再來說明關於類似這種「批量製造」的另一個思考模式。那就是，業務隨不同商品發展（多角化經營）的情況。在大學周邊開設了能滿足飢腸轆轆學生的牛丼連鎖店，不過最近除了牛丼之外，也被報導跨足拉麵或壽司、蕎麥麵、章魚燒等領域，讓人驚呼：「咦！這是那間牛丼的連鎖企業耶！？」這是基於銷售牛丼的**範圍經濟**的考量。

所謂範圍經濟，是指除了主要商品牛丼之外，再透過「**批量製造**」來製作蕎麥麵、拉麵、章魚燒等，會比專門只生產蕎麥麵、拉麵、章魚燒的企業更能進行有效率的生產。

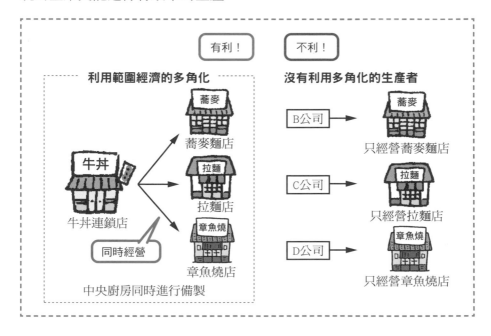

原因是什麼呢，我想不同的點在於，這裡所說明的牛丼、蕎麥麵、拉麵、章魚燒都能夠利用**共同技術**或**Knowhow**、生產設備等，比起一間企業只從事單一事業，一間企業能夠整合同時進行複數事業應該會更加有效率。

這並不侷限於食品產業，巧克力企業製作拋棄式暖暖包，軟體公司生產化粧品，將技術轉移至其他領域也不是什麼稀奇的事了。

似乎是在研究新產品時，意外地發現了其他新產品的樣子呢。

生產製作的精神是十分重要的唷！

像這樣利用範圍經濟插足複數事業的情況稱為「**多角化**」。在此被使用的技術可以重複，並且沒有限制場所或時間。

人力資源

工作人員僅能用於特定的店面或時間。

技術

沒有被限制時間或場所，能夠應對各式各樣的製造。

許多公司以多角化經營為目標的原因並不僅是為了利用範圍經濟來達到縮減費用的目的，而是為了能夠防止集中於單一事業，萬一發生任何意外事件時公司會遭受巨大的損傷，透過經營不會受到災害波及的其他事業有效達到分散風險的效果。

經濟新聞「刊載文章」

　　牛丼連鎖店進行十分徹底的風險管理，由於除了牛丼之外也推展其他的菜色或將事業拓展到其他的外食產業，所以即使面臨牛肉短缺的情況時，也不會對經營造成重大的影響。

關於生產某商品的A企業其成本，請選出最適當的答案。

（C：總成本Y：生產量）

《問題 -1》 總成本（C）為 $C=Y^3-9Y^2+52Y$ 的情況時，平均成本（AC）為多少呢？

1. $Y^4-9Y^3+52Y^2$

2. $Y^2-9Y+52$

3. 52

《問題 -2》 總成本（C）為 $C=Y^2+20Y+30$ 時，固定成本（FC）為多少呢？

1. Y^2

2. Y^2+20Y

3. 30

【解說】

〈問題 1〉

由於總成本（C）為全部的費用，因此用生產量（Y）除總費用後就能求得平均成本（AC）。

總成本（C）$=Y^3-9Y^2+52Y$ 除以生產量（Y）計算求得

總成本除以數量就OK了呢！

$$平均成本（AC）=\frac{C}{Y}=\frac{Y^3-9Y^2+52Y}{Y}$$

$$=Y^2-9Y+52$$

因此，**正確答案為2**。平均成本後面括號內的AC為 Average Cost 的字首縮寫，在考試時可以用這個方式來註記。

〈問題 2〉

總成本（C）在全部的成本當中，註記有生產量（Y）的項目為因應生產數量所增加的成本，而沒有註記生產量（Y）的項目則為與生產量無關

固定金額的固定成本。

$$總成本 (C) = \underline{Y^2 + 20Y} + \underline{30}$$

與生產量相依的成本　　與生產量無關的成本
（材料費等）　　　　　（製造設備等）

因此，**正確答案為 3**。固定成本後以括號表示的 FC 為 Fixed Cost 的字首縮寫。

Unit 04

價格是由誰決定的呢？

　　在平時通往大學的路上，透過獲取些微經濟學知識，在觀念上就會產生一些改變。到前一個單元為止，僅以暖身的方式讓您能夠流暢的以經濟學方式進行思考。接下來就朝著大學方向前進吧，不過，在這裡會經過便利商店，您將會往上提升層級，進一步學習到個體經濟學當中關於「交易」的必要知識。

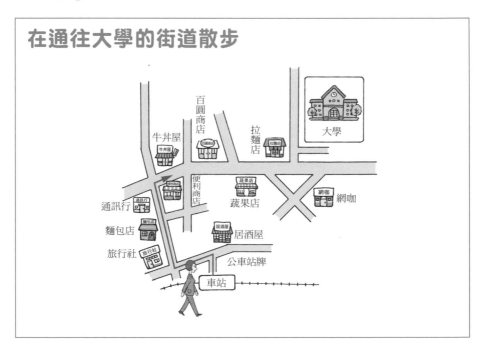

在通往大學的街道散步

1 個體經濟學使用的工具

來到便利商店時，看到陳列著許多想喝看看的飲料或想試試口味的甜點。統統都是如果預算足夠就想嘗試看看的東西吧。

為了製作出這些具有吸引力的商品，它們的製造商在背後掌握了世界某個角落的原物料，**擁有與交易或製造相關的人或關係**，盡可能地以便宜價格取得資源，集結各種創意，並且更進一步地投資可以大量生產的設備，確保商品能在世界各地暢通無阻。簡而言之，就是日復一日進行大型交易的結果。

我們走到戶外看看，人們總是進行著最佳商業行為，總之就是以**務必要把所生產的物品全數售罄**的意念來執行，因為如此物品或人等等的資源才會持續流通。然而，問題在於地球上的資源是有限的，沒有辦法完全回應所有的要求。為了將有限的資源做有效的運用，就必須「**進行有效率的分配**」。而這也成為個體經濟學的一項課題。

接下來讓我們使用這個有點困難的方式來詳盡表達「有效率的分配」，並更進一步了解內容。

對人們來說，所謂購物應該是價格盡可能便宜，付了錢之後能享用到美味的食物。就在這樣的動作當中，有各式各樣的人或物品流通著。但它並非總是在最佳的情況下。例如，特地繞到麵包店來，結果想要的麵包卻賣完了，因為肚子餓的關係急忙來到牛丼屋，卻因為店員是新進員工的關係把餐點弄錯了，因為忘記幫手機充電的關係，無法預訂原本為了約會要準備的演唱會門票，令行程大亂陣腳。只好去訂其他活動的門票了。

總之，我們所期望的場所及日期要有適當的數量及商品配置的這種事總有事與願違的時候。即使是細碎的事務，在實際的數量上還是存在著差距，而當這個數量的差距變大的時候，就形成經濟學當中所說「**經濟問題**」的源頭。

仔細想想，失業的問題、貿易的問題、通貨膨脹的問題也都是經濟相關問題，全都和數量有關。例如失業時，希望雇用的人數與想要工作的人數的數量就會有所差異。而貿易的問題也是因為沒有適當的輸入、輸出量，才會被視為問題。在這裡，數量要如何調整到使它能夠一致，這就是所謂「有效率的分配」，需要使用個體經濟學的手法。

Key Point

關於經濟學的論點→與**數量**相關的社會問題

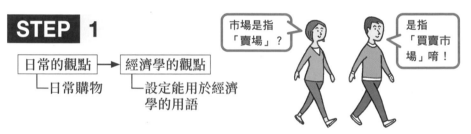

STEP 1

日常的觀點 → 經濟學的觀點
└日常購物　　　└設定能用於經濟
　　　　　　　　　學的用語

市場是指「賣場」？

是指「買賣市場」唷！

在本單元當中，我們將一邊介紹在經濟學上使用的名詞或設定，一邊以經濟學的思維模式來說明日常購物的行為。

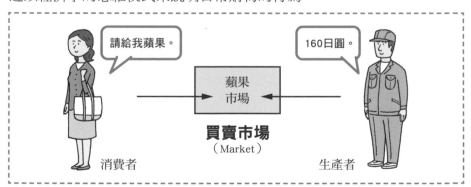

單純在「購買蘋果」應用的經濟學用語，會分為購買蘋果的 A **消費者**，生產蘋果或出售者的**生產者**。而這兩者交易的是蘋果的買賣市場。買賣市場是指交易金錢與物品的場所的統稱，相較於特定地點的商場賣

場，被用於更廣大的含義。

> **市場**（賣場）……特定的場所
> **市場**（買賣市場）（或指 **Market**）……進行交易場所的總稱

出場者

我們印象中在個體經濟學中出場的角色為消費者（家庭）與生產者（企業），但是也會有政府出現介入市場的時候。所以出場的角色一共有三者。

舞台設計

所謂蘋果市場，擁有叫做蘋果的商品，在一般的經濟學上將這類商品稱為**產品**或生產物。而交換這些物品的市場統稱為**產品市場**或生產物市場。在個體經濟學當中除了產品市場之外還有一個被稱為**生產要素市場**的項目。生產要素顧名思義就是指生產商品時需要的資源，如土地、勞動、資本等。由於它主要涉及勞動力，因而也被稱為**勞動市場**。在這個市場當中，為了賺取購買蘋果的金錢，消費者提供勞務並獲取**所得**。

本書在產品市場與生產要素市場（勞動市場）當中，僅以產品市場為範例進行學習。

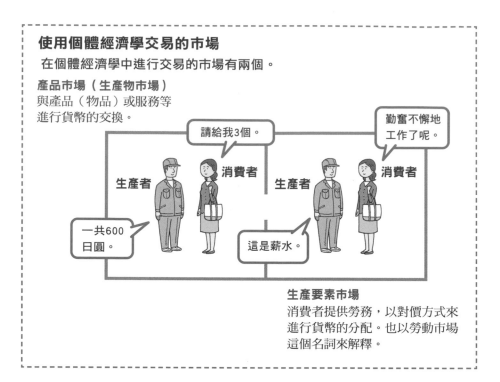

使用個體經濟學交易的市場

在個體經濟學中進行交易的市場有兩個。

產品市場（生產物市場）
與產品（物品）或服務等
進行貨幣的交換。

請給我3個。

勤奮不懈地
工作了呢。

生產者　　消費者　　生產者　　消費者

一共600
日圓。

這是薪水。

生產要素市場
消費者提供勞務，以對價方式來
進行貨幣的分配。也以勞動市場
這個名詞來解釋。

2　消費者與生產者（合理的行動）

接下來我們將各別觀察，關於個體經濟學當中經常出場的消費者與生產者。

角色設定

消費者與生產者為主要出場的角色，但我想很多人會說，這不是我第一次聽到這個名詞了。但是，在經濟學上是假設他們的行為受到極度的限制。這是因為所謂經濟學是指去除人們各式各樣的選擇，轉換為極簡單的形式。

它假設在排除一切道德的情況下，為了將自己利益最大化的一切行為，稱之為**合理行動**。接下來，我們將把它區分為消費者、生產者各別進行解說。

消費者

以消費者以最大滿足感購買物品（產品）的情況為分析對象。

以經濟學分析

✗從分析中排除
擔任義工
爭取遊戲中的高分
約會
學習
早睡早起　等

在經濟學當中完全不去分析購買物品以外的行動。

○分析對象
購買物品

合理的行動
想要將滿足感提升至最高

制約條件（放在錢包裡的金額）

　　這項合理行動，是指在**制約條件**之中選擇最適當的數量。對消費者而言，制約條件指錢包當中有多少錢，在這個範圍內能使滿足感（效益）最大化的情況下決定**購買物品的數量**。

　　接下來我們準備了關於購物的圖表。將圖表的縱軸設定為價格，橫軸設定為數量。

　　所謂數量是指對消費者而言能夠購買的數量，它又形成了需要量或消費量等各種各樣的名稱。在個體經濟學當中基本上將橫軸設定為數量。若蘋果的價格下跌時，消費者就會增加購買量。因此，價格與購買量間的關係就會被描繪成朝右下傾斜的樣子。

　　這個圖表稱為消費者對這項產品的**需求曲線**，表現出所謂若是價格下跌的話購買量就會增加的**需求法則**。

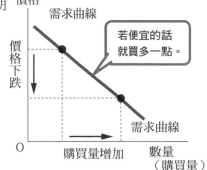

價格

需求曲線

價格下跌

若便宜的話就買多一點。

需求曲線

O　購買量增加　數量（購買量）

生產者

另一方面，另一個出場的生產者同樣也是依照著經濟學的思維模式進行合理的行動。若應用於生產者的話，是指在受到一定技術的制約下生產及銷售商品，並決定能使利潤最大化的生產量。

使用經濟學分析

X從分析中排除
對社會的貢獻
人材培育
高品質
繼承傳統　等

○分析對象
生產物品

合理的行動
想要將利潤最大化

在經濟學上完全不會考慮購物以外的行動。

制約條件
（生產技術）

準備了與消費者相同的圖表，橫軸的數量所表示的是指對生產者而言能夠生產的數量。蘋果的價格提高的話販賣量，也就是說生產量（或是供給量）就會增加。因此，價格與生產量的關係就被描繪為呈現朝右上方傾斜的圖表。

這個圖表對應於生產者的產品，被稱為**供給曲線**，即所謂價格愈高供給量愈量多的**供給法則**。

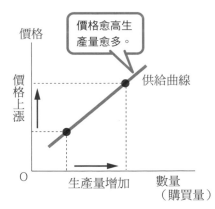

價格

價格愈高生產量愈多。

價格上漲

供給曲線

O　　生產量增加　　數量（購買量）

銷售量、生產量、供給量哪裡不同呢？

全都一樣哦！只是因為當初從英文翻譯過來時的差異性。

兩者間的關係

接下來，消費者與生產者在市場進行交易行為。

進行交易的理由是雙方都保持沉默並不會產生任何利益，因此為使自己利益最大化而進行交涉，由於消費者期望「盡量以最少的代價，購得最多的數量」；而生產者則希望「盡可能以最高的價格，賣出最多的數量」，雙方都有追求各自私利的考量。

這兩者的想法截然不同，看起來似乎各自的想法都無法成立，但實際上卻很順利地運作著。這樣的情況是由於**市場的力量**發揮了它運作的機能。

3 市場的力量與價格的決定（均衡價格）

關於市場的力量這個名詞，我們將結合消費者的需求曲線和生產者的供給曲線來進行說明。

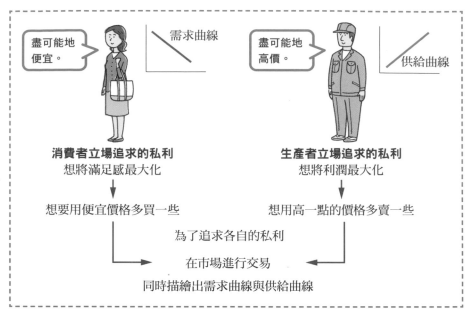

無論是需求曲線或供給曲線的圖表，因為都有顯示價格和數量的關係，當整合成一個圖表後，實際上以多少價格買賣了多少數量會由二個圖表的交叉點（E點）來決定。

例如，蘋果買賣市場如下圖的形態來決定的話，交叉點的E點稱為**均衡點**，此時的價格為**均衡價格**，而被交易的需求量稱為**均衡供需量**。也就是想要購買的數量與想要出售的數量一致的點。

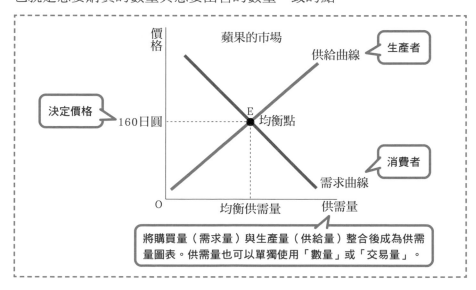

這個均衡點，並不是只要能畫出需求曲線和供給曲線這兩個圖表就能夠立刻達成，前提還必須經過消費者及生產者進行交涉。雖然也有像證券市場的股票價格一般在瞬間就決定價格的情況，但一般而言都是被推測為如同下列的調整機制。

情況1　當價格設定在均衡價格之下時

當設定了比均衡價A價格還要低的B價格時，由於價格便宜，需求量會比供給量還要多，而這個超過的需求量被稱為**超額需求**（短缺），這是由於商品設定低價的關係，造成許多消費者「想要」的需求上升。

當這項產品的價值高於市價，消費者會覺得即使要多花一點錢也想要擁有。總之，當發生超額需求的情況時，我們認為價格仍會上漲至均衡價格的水準。

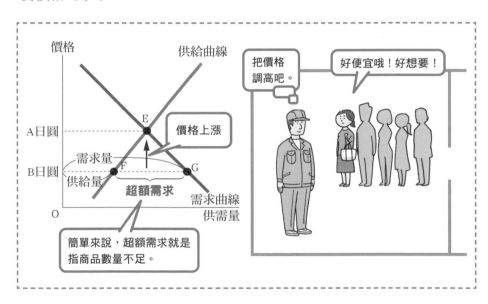

網路拍賣的人氣商品價格也是節節上漲呢！

聽到「數量限定」，似乎就會以超額需求為前提，想要的人就會增加。

情況2 當價格設定在均衡價格之上時

當價格設定在比均衡價格A價格高的C價格時又會發生什麼事呢？

在這個價格之下供給量會多於需求量。而這個超過的供給量則被稱為**超額供給**，由於價格較高，使得大家會避免在這個價格購買物品。由於看不出現行價格水平的價值，我們認為達成交易的價格必然會下跌。

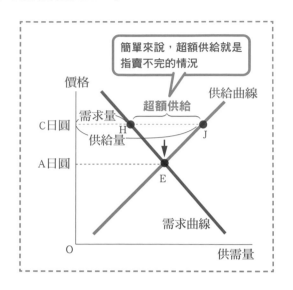

簡單來說，超額供給就是指賣不完的情況

價格

超額供給

供給曲線

C日圓　需求量

　　　H　　　　　　J

供給量

A日圓

　　　　E

需求曲線

O　　　　　　　　　供需量

只要半價呢！

特賣

關店前的超市都會開始打8折或5折，愈是接近打烊時間折扣更多。這是因為商品還有多餘的情況。因此，價格就下跌了唷！

情況3 對價格進行有彈性的伸縮調整，就會形成均衡價格

在市場上，發生超額需求的情況價格會上漲，而超額供給價格則會下跌。透過這樣的價格調整模式決定出A價格。

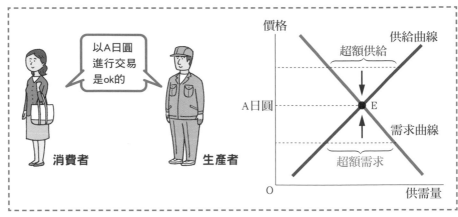

在此最重要的是價格 A 日圓並不是由消費者或生產者決定，而是由**市場的力量來決定**的。消費者與生產者會追隨著這個價格進行合理的行動，但是由於無法一一確定每項物品的價格，就會由購買量或生產量這一類的**數量**來決定。

不會太貴或太便宜的均衡價格，是由市場來決定的唷！

Key Point

在競爭市場上，是由市場的力量來決定均衡價格，由適當的交易量來實現結果。

由多數的消費者或生產者參與的市場稱為**競爭市場**，在此的價格是由市場來決定。相對於競爭市場，存在於獨占市場上的獨占企業，就有由生產者來決定價格的情況。當發生這個情況時，政府會介入市場，訂定出使價格適當的相關法令，並且使企業分割促進競爭引導出適當的價格。

經濟新聞「刊載文章」

即便是持續供應不足的東歐，在引進市場經濟後緩解了因為商品不足導致大排長龍的情況，可說是因為透過市場的力量進行交易（基於市場原理的交易）使經濟得以順利地活化。

請由1～3當中選出的適當數字填入空白欄位。

某個市場在需求曲線及供給曲線各自如下時,均衡價格為(あ)日圓,均衡供需量為(イ)個,

需求曲線:D120－P

供給曲線:S＝2P

(P:價格 D:需求量 S:供給量)

1. ア:40 イ:80 **2.** ア:50 イ:70 **3.** ア:90 イ:50

(地方上級 改題)

【解説】

順序1

由於均衡價格、均衡供需量是二條曲線的交會點,因此需要使用聯立方程式來解題。

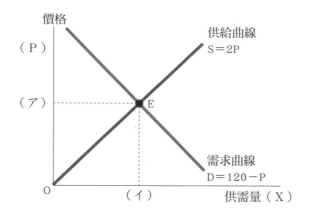

所使用的記號P為價格Price,需要曲線D為Demand Curve,供給曲線S為Supply Curve各自的英文字首。

順序2

各別的圖表為D＝～、S＝～的形式,但是因為在描繪圖表時縱軸為價格的關係會替換為「P＝～」的形式。

需求曲線　　　　　供給曲線

D=120−P　　　　　S=2P

↓　　　　　　　↓

P=120−D　　　　$P=\dfrac{1}{2}S$

（記住在數學當中也是像這樣把Y＝～與縱軸做搭配，雖然不這樣做也能夠解題，但考量到往後的部分，建議趁早習慣會比較好。）

順序3

接下來，由於均衡點為交會點，D（需求量）＝S（供給量），把這些代號整合成一個X（供需量）的代號。

需求曲線　　　　　供給曲線

P=120−D　　　　$P=\dfrac{1}{2}S$

↓　　　　　　　↓

P=120−X　　　　$P=\dfrac{1}{2}X$

到這裡，讓我們來整理並解開聯立方程式吧。

$$\begin{cases} P=120-X & \cdots① \\[2mm] P=\dfrac{1}{2}X & \cdots② \end{cases}$$

順序4

最後，把這個聯立方程式解開後求得P＝40、X＝80的關係，均衡價格（P）為40日圓，而均衡供需量（X）為80個。

因此，**正確答案為1**。

將理想中的市場視覺化

為什麼政府的介入是必要的呢？

　　現實的社會中會連接發生經濟問題。在這當中也會有為了追求公司利潤而犧牲消費者的情況吧。應該要如何判斷問題市場的好壞呢？訂立理想的思考基準，進行比較並將問題點視覺化，探尋解決方法的線索也是必要的流程。

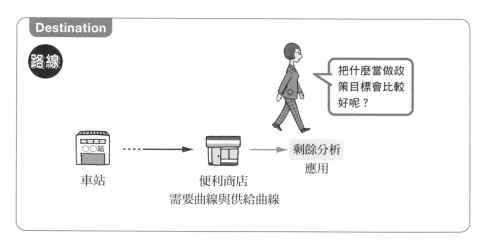

1 理想市場的達成（剩餘分析）

　　所謂生產者就是為了追求利潤的一群人，過去曾經發生營業額巨大的公司違反獨占法的事件，造成新進企業無法進入市場的屏障。當市場存在了壟斷市場的獨占企業時，必須有一種解決方案，可以使所有人都能接受並且可以適當地解決他們對於生活之中最不想看到的情況。

生產者以追求利潤為基礎，但是也可能在不知不覺中形成獨占市場的大企業。

大企業利用規模經濟來進行大規模生產，會導致沒有其他的企業能與之競爭的現象。

　　生產者以自己利潤最大化的計劃進行生產。結果就可能會因為不斷地思考如何賺更多的錢，導致獨占市場的情況。若發生這種情況時，在沒有競爭對手的市場上，生產者賺取的錢財，成了消費者的損失。因此，在經濟學的手法上並非單獨偏重生產者或消費者，而是必須兩者互相配合，從社會整體角度來探討出一個理想的社會。

競爭市場

　　首先，我們以理論來闡明所謂理想市場是什麼樣子，再以它為基準來判斷實體經濟社會福利上的好壞。並且，針對未符合標準的市場，政府應介入並提供政策予以解決。

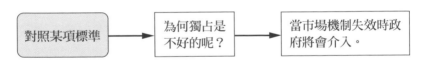

對照某項標準　→　為何獨占是不好的呢？　→　當市場機制失效時政府將會介入。

「政府介入」聽起來好可怕啊！

「政府介入」是指政府僅給予市場影響力，但最終結果仍然是由市場的力量來解決。

情況 1　「理想」的標準

當思考什麼樣的市場是理想的形態時，我們認為是存在著多數消費者與生產者的**競爭市場**（完全競爭市場）。

這種所謂的競爭市場，會依循需求曲線與供給曲線，使價格調整機制發揮作用，由市場給定價格，而消費者或生產者則會依據市場給定價格進行行動。

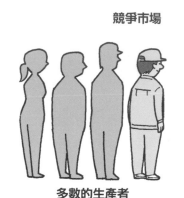

競爭市場

多數的消費者

多數的生產者

※所謂給定，是指由其他人所給予的事物。無論是消費者或生產者，都無法自行決定價格，由市場，也就是依據他人所給予的價格做基準，這兩者僅能決定數量。

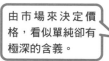

由市場來決定價格，看似單純卻有極深的含義。

情況 2　剩餘分析

在這樣的競爭市場上，我們可以以視覺化的方式呈現出消費者或生產者能得到多少效益。這稱為**剩餘分析**，也就是所謂的面積比較法。

作法-1　①消費者剩餘

　　在均衡價格以上以三角形所表示的面積 ABE 稱為**消費者剩餘**。這是以面積方式來呈現出消費者所得到的效益，面積會隨價格下跌的程度擴大。

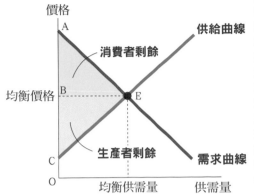

作法-2　②生產者剩餘

　　在均衡價格以下以三角形所表示的面積 BCE 稱為**生產者剩餘**。這是以面積方式來呈現出生產者得到的效益，面積會隨價格上漲的程度擴大。

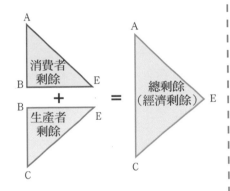

作法-3　③總剩餘

　　將消費者剩餘與生產者剩餘加總後得到的即為**總剩餘（經濟剩餘）**。

※ 所謂效益是指可以單純以利益增加的部分去思考利潤。

　　總剩餘（經濟剩餘）面積的大小成為資源分配是否有效率的指標，而**面積最大化**並滿足最優化定理的就是競爭市場。可以此為基準用來與其他市場比較。

由於它是100分滿分的狀態，表示其他的部分再也不如它了。

2 獨占市場的剩餘分析

獨占企業為追求利潤的結果，導致產量低於競爭市場的數量，價格被設定在比均衡價格更高的獨占價格（細節將於Unit17中說明）。

我可以決定價格！

多數的消費者

僅一間生產公司

Key Point

獨占企業以訂價者（Pirce Maker）立場來行動。

同樣的，我們來進行獨占企業存在情況下的剩餘分析。

首先，在下圖當中，隨著價格的上升，消費者剩餘呈現三角型形ADF。比競爭市場來得小。另一方面，價格上升，透過生產者的利益被擴大，呈現出四角型DCGF，一樣比競爭市場還要大。

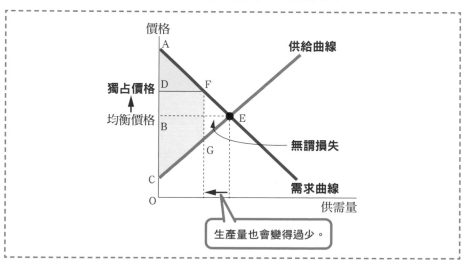

接下來，來思考看看與競爭市場比較後的總剩餘。將消費者剩餘和生產者剩餘加總起來的結果，就會成為四角形ACGF的總剩餘。在此我們可以看到它的面積比競爭市場的面積還要小。

而這減少的三角形面積FGE，被稱為**無謂損失（固定負載）**。

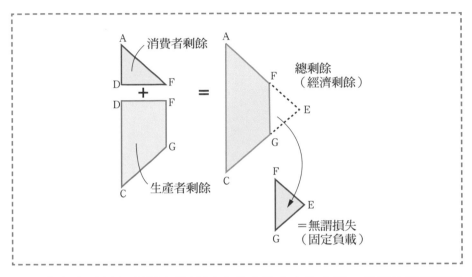

當發生這種無謂損失的情況時政府就會介入市場，必須執行促使競爭的政策（制定禁止獨占法相關的法令）。

Key Point

無謂損失（固定負載）表示資源分配沒有達到效率，政府必須介入並執行促使競爭的政策。

那麼，我們來思考看看迴避獨占市場情形時的具體制度吧。

在經濟學當中，最好的方式之一就是**企業分割**。這樣才得以透過市場的力量矯正至適當的價格。

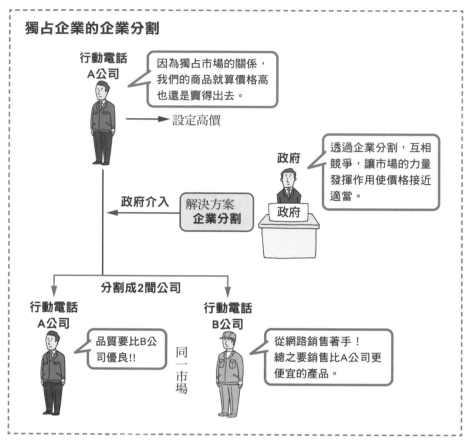

原本是同一生產者，卻因為分割產生了競爭。若形成競爭市場，就能夠解除發生無謂損失的非效率性。

　　美國大型IT企業，被判定違反銷售電腦商業軟體的反托拉斯法，被法院裁定進行企業分割。

《參考》政府的介入與促進競爭

　　由於競爭市場最能有效率地達成資源分配，因此政府實施促進競爭的政策，但是並非所有交易都適用相同的方式。

　　航空、遊覽車、旅遊計程車等旅遊運輸業這些競爭激烈的市場中，卻有可能為了競爭而忽視了安全性的問題，因此為了避免消費者遭遇危險，政府也可能會介入參與制定規則。

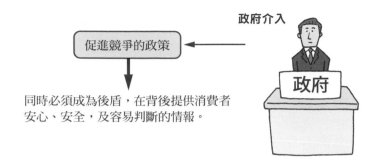

促進競爭的政策 ← 政府介入

政府

同時必須成為後盾，在背後提供消費者
安心、安全，及容易判斷的情報。

　　另外，來思考一下拍賣這類的市場。在此是以參與者的競爭來決定價格，
但我們卻浮現這樣的疑問：能夠形成適切的價格嗎？競價的勝者以高於預期的
價格出價，且以沒人買得起的價格得標的事情時有所聞。這種情況在經濟學當
中被稱為**勝利者的詛咒**。像拍賣這一類的市場，即使有競爭力也不容易判別適
當的價格，再加上是透過他人參與競爭來決定價格的關係，經常有價格與實際
價值差距甚遠的情況。

有機會買到偶像的演
唱會門票，但販售價
格卻是原價十倍以
上，真令人沮喪。

價格也太高了吧！

　　總之，即使是在競爭市場也很難從外觀分辨出這個商品的優劣。在此政府
為了能有效運用競爭市場，也必須實施能正確提供市場參與者關於這些商品或
服務資訊的相關政策。

經濟新聞「刊載文章」

　　政府發布了所有加工食品必須標示原料產地的法規。這是由於能預見未
來進口食品的增加，為了向**消費者傳遞正確資訊**，並消除疑慮的對策。並
且，也被認為與提升國產商品品牌價值互有關聯。

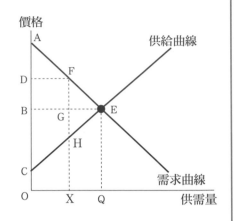

求右圖的市場當中,給定需求曲線和生產曲線時,在以生產量X供應產品的情況下的無謂損失(固定負載)其面積為?

1. ACHF

2. BCE

3. FHE

4. FGE

【解説】 在現行需求量X的水平上,與競爭市場中的供需量Q相較之下因為產量不足導致價格上漲。

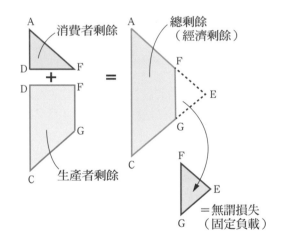

總而言之,資源分配失敗導致無謂損失(固定負載),產生△FHE。(消費者剩餘ADF、生產者剩餘DCHF)。

本題**正確答案為3**。

Unit 06

若汽油價格下跌就會使汽車暢銷!?

什麼樣的原因
使圖表變動呢?

在Unit04、Unit05中,我們使用了需求曲線和供給曲線來表示關於商品的部分,但是圖表並非靜止不動的,會視情況而移動。接下來讓我來說明在什麼樣的情形下會發生變化。

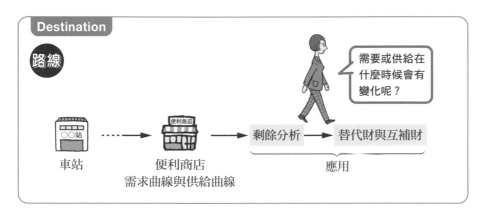

1 需求曲線的移動(替代財與互補財)

讓我們稍微深入研究關於需求曲線的性質。

情況1 線上移動

需求曲線是,只關注縱軸的價格與橫軸的需求量(購買量、消費量)。

當這個圖表的性質、價格上有變化的時候,由於需求量會從A點轉變轉變到B點,因此會出現在線上移動的情形。

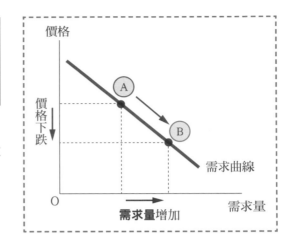

由 A 點到 B 點的變化，顯示出因價格下跌使需求量增加。

情況 2　移動

除了價格變化之外，也有其他需求量大幅增加的情況。這個情況下，價格不變，但會從 A 點移動到 C 點，圖表會呈現「移動」的狀態。當需求增加，需求曲線會「**向右移動**」。

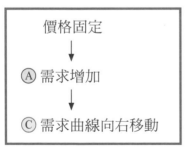

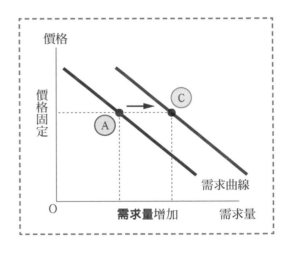

狀況 3　價格變動以外的因素造成的需求變化

需求曲線移動的原因是價格變動以外的因素造成需求上升。可以列舉出因為商品受到歡迎、所得發生變化等多項例子，但是在經濟學上具代表性的是①替代財②互補財的案例。

①替代財的案例

假設有一位消費者對於紅茶和綠茶擁有相同的喜好度，兩者都能帶給他相同滿足感的情況下，這些物品就成為**替代財（代替品、替代關係）**。這種替代財的需求被認為會互相影響。購買綠茶的人們當中有些人並不是單純因為「想喝」，而是因為一直以來喝的紅茶漲價因而停止購買，因此我們也假設這個影響會使得綠茶的需求增加。

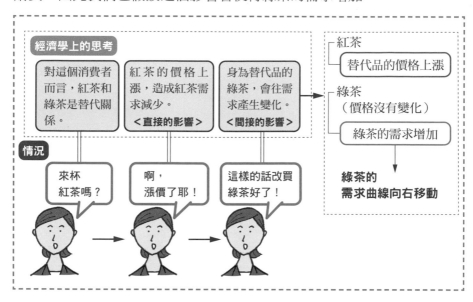

經濟新聞「刊載文章」

> 因為米的收成不佳使得價格上漲，使替代品的吐司、麵包需求增加。

②互補財的案例

接下來，說明關於互補財的案例吧。當打算購買汽車的時候，首先最在意的是什麼呢？由於汽車和汽油之間有著無法分割的關係，當油價

高的時候，就可能讓我們抑制想買車的念頭，但當汽油價格便宜的時候就容易做出決定。總而言之，因為這些物品之間互相補充，在經濟學上稱為**互補財（互補關係）**，我們認為它們之間互相需要並有連動關係。

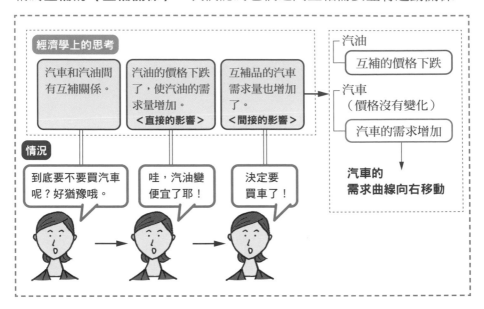

經濟新聞「刊載文章」

　　由於遊戲軟體市場競爭激烈使軟體價格大幅下跌。因此，軟體的需求也會影響硬體的需求，互補關係的遊戲機其需求也隨之擴大了。

情況4　需求曲線向右移動與價格變化

　　一般而言即使產品的價格沒有發生變化，而**這項產品的替代品漲價，互補品的價格下跌**，發生其他因價格變化以外的需求上升時，需求曲線會向右移動（$D_1 \rightarrow D_2$）。

　　關於需求曲線向右移動的影響，必須在圖表當中也畫上供給曲線同時進行觀察。這樣一來，由於透過曲線的右移，最初的均衡點從E點移到F點，使我們了解到供需量增加，價格也上漲了。

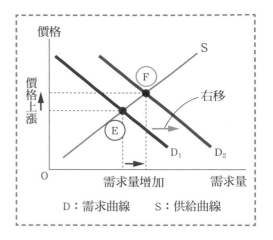

| E 最初的均衡點 |
| ↓ 需求曲線右移 |
| F 價格上升，供需量的增加 |

D：需求曲線　S：供給曲線

2　供給曲線的移動

接下來，我們也來看看供給曲線吧。

情況1　線上的移動

供給曲線是只著重於縱軸的價格與橫軸的供給量（生產量）之間關係的圖表。若價格產生變化時，供給量會呈現由A點線上移動至B點的情況。

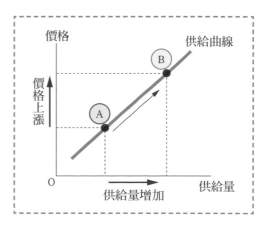

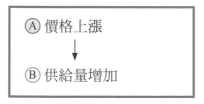

| A 價格上漲 |
| ↓ |
| B 供給量增加 |

狀況2　移動

也會有價格變化以外的原因造成供給量增加。生產者人數變多了，生產費用降低，因為技術革新使生產力提升等可能性。一但供給增加，價格水平不變時，就會從A點**向右傾向**C點（次頁）。

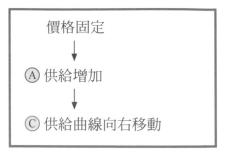

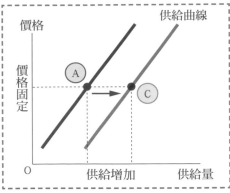

若技術提升，引進機械化使產量增加的話，曲線就會產生與價格無關的向右移動。

情況3 供給曲線向右移動與價格變化

接下來，在供給曲線的圖表中，同時描繪上需求曲線，與市場移動前的情況互相比較，觀察發生了什麼樣的改變。

透過供給曲線向右移動，我們觀察到均衡點由G點移動至H點，因此供需量增加，使價格下跌。

Ⓖ 最初的均衡點

　　　↓ 供給曲線右移

Ⓗ 價格下跌，供需量的增加

考試的時候，也會出現必須實際在考試會場自行繪製圖表並分析的題目。

不是只需要死背就好的考試呀？還有一些題目必須計算呢……

經濟新聞「刊載文章」

　　儘管外食產業的業績陸續惡化，但持續急速成長的章魚燒集團則是確立了把重點放在員工教育及技術力的方針。即使員工教育的成本和過去相同，但卻得到了如同增加員工一般的效率，得到了生產力提昇的成果。因此像章魚燒店這樣員工人數有限的情況下，也可能在短時間內提供多樣的商品。

複習題

　　某產品的需求曲線（D）及供給曲線（S）如下，下列哪一個敘述項目最為恰當？

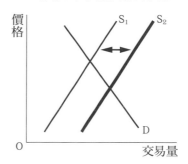

（圖表A）需求曲線的移動　　　　（圖表B）供給曲線的移動

1. 圖表A顯示了某產品人氣上升的情況，表示需求曲線向右方移動，價格下跌，交易量增加的情況。

2. 圖表B顯示了所得增加的情況，供給曲線向右移，表示交易量增加的情況。

3. 圖表A表示某產品的互補財價格下跌時，需求曲線左移，顯示價格下跌，交易量減少的情形。

4. 圖表A表示某產品的替代財價格上漲時，需求曲線向右方移動，價格上漲，交易量增加的情況。

（地方上級　改題）

【解説】

1. ×　當人氣上升時，需求曲線會向右移。但是右移會造成均衡價格上漲，交易量增加。

2. ×　由於所得增加和生產者無關，因此不會對供給曲線造成影響。所得增加的影響使得需求曲線向右移。

3. ×　互補財的價格下跌時，會使互補財的需求增加，本題所指某產品的需求也會增加使得需求曲線右移。因此，均衡價格上漲，交易量增加。

4. ○　替代財的價格上漲時，替代財的需求會減少。本題的某產品需求增加，使得需求曲線向右移。因此，均衡價格上漲交易量會增加。

因此，**正確答案為4**。

感覺這個問題是測驗你是否有基礎的理解了呢！

Unit
07

家電量販賣場為什麼每天都能有特賣折扣呢？

供給曲線也有
各式各樣的型態

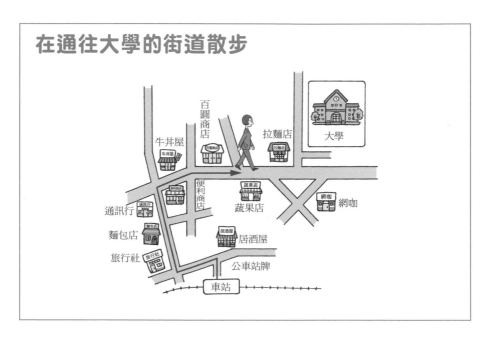

在通往大學的街道散步

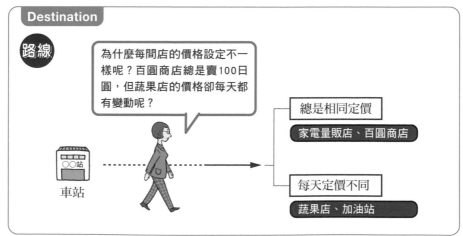

Destination

路線

為什麼每間店的價格設定不一樣呢？百圓商店總是賣100日圓，但蔬果店的價格卻每天都有變動呢？

總是相同定價

家電量販店、百圓商店

每天定價不同

蔬果店、加油站

車站

靠近大學的周邊會形成學生街，有折扣商店、簡餐店、購買生活必需品的商店等林立，也有像便利商店這樣24小時營業，且商品新舊汰換激烈、總是陳列新商品、每天以定價販售的商店，稍微到周遭的商店去看看，應該會發現價格的設定和便利商店不同，而且有相當大的差異。

例如，在蔬果店，相同的蔬菜也有價格高低的時候，高麗菜或茼蒿等有時會有令人驚訝的低價，但幾天後價格可能又會翻漲數倍。

另外，百圓商店或家電量販店等，不必特別舉辦特賣會，總是以低價格促銷，卻很少賣到斷貨。為何依店面不同，價格的設定也會有所差異呢？這正是本章所要探討的部分。

1　供給曲線的斜率

STEP 1

改變觀點

日常的觀點 → 經濟學的觀點
└ 供給曲線的斜率

百圓商店每天的價格都相同。

百圓商店，什麼都有呢。

情況1　百圓商店或家電量販店

百圓商店或家電量販店這類工業產品的供給曲線，如同下圖所示呈現斜率緩和的狀態。因為我們認為即使因為某種原因使需求突然激增，但這些商品本身只是零件組裝而成，能夠立即應對市場需求的大小進行生產，故價格並不會受到太大的影響。

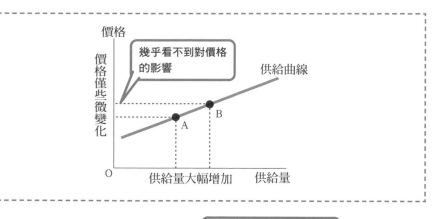

情況2　加油站或蔬果店

　　另一方面加油站或蔬果店所銷售的商品，也就是天然資源或農產品這一類的產品供給曲線的斜率就比較陡峭。這是由於我們認為即便這種產品市場價格上漲，供給量也僅能有限地增加。即使汽油的需求量高漲也不可能迅速地發現油田。同樣地，蔬果的需求量大增時，也無法立即擴大耕作面積，或令作物加速生長，無論如何都難以實現需求量的即時應對。

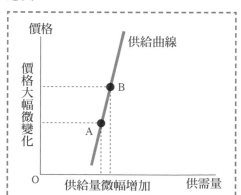

情況3　為什麼蔬菜的價格容易變動呢？

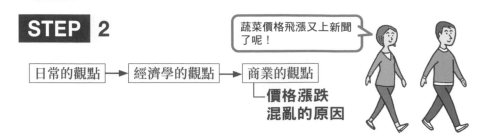

STEP 2

日常的觀點 → 經濟學的觀點 → 商業的觀點
　　　　　　　　　　　　　　└**價格漲跌**
　　　　　　　　　　　　　　混亂的原因

蔬菜價格飛漲又上新聞了呢！

　　我們準備了描繪萵苣市場的需求曲線與供給曲線的圖表，並說明萵苣的價格在市場上急速上漲、下跌的原因。

萵苣的需求曲線

　　首先，在萵苣的消費特徵上
★即使價格突然下跌，也不可能一下吃好幾顆。
★並非能長時間保存的物品，一次也不可能買太多。

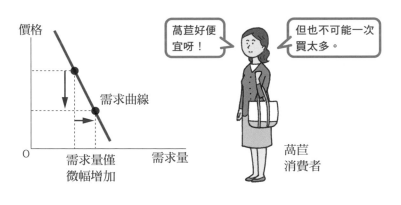

萵苣好便宜呀！

但也不可能一次買太多。

萵苣
消費者

因此，需求曲線的斜率比較大。

萵苣的供給曲線

接下來，是萵苣的供給曲線

★由於耕作面積是早已確定的，因此每季的產量也是固定的。

★無法促進植物的生長。

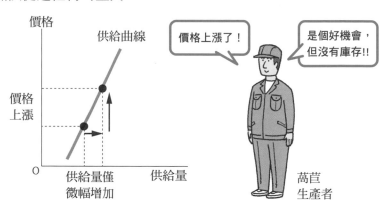

因為這些理由，生產無法立即配合需求量，所以我們認為供給曲線的斜率會變大。

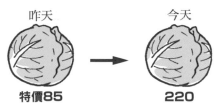

在萵苣市場上，需求曲線和供給曲線都呈現斜率較大的情況。

因為氣候合宜使萵苣大豐收，就算比起去年只有稍微增加的情況，供給曲線向右移，導致均衡點從A移至B，因而發生了價格暴跌的情形。

這是為什麼呢？因為雖然說是大豐收，但消費者並不會突然改變喜好，因此需求曲線並不會移動。

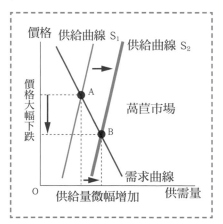

但反之若收成不佳時，我們則預設它的價格會大幅飆漲。

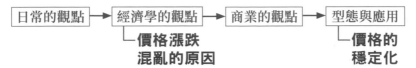

STEP 3

改變觀點

日常的觀點 → 經濟學的觀點 → 商業的觀點 → 型態與應用
　　　　　　└ **價格漲跌**　　　　　　　　　└ **價格的**
　　　　　　混亂的原因　　　　　　　　　**穩定化**

到超市販賣蔬果的攤位看看，雖然有高麗菜或萵苣、波菜這類每一天價格都在變動的商品，但也有豆芽菜或金針菇這種價格幾乎沒有變化的蔬菜。這是存在了什麼樣的差異呢？

有每天價格都一樣的蔬菜嗎？

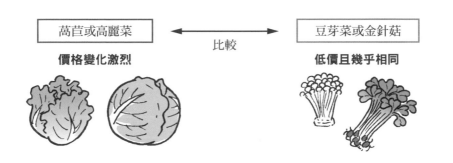

萵苣或高麗菜	← 比較 →	豆芽菜或金針菇
價格變化激烈		**低價且幾乎相同**

受天候左右，難以對應需求及控制出貨量，價格飛漲時可能會發展成社會問題。

在蔬菜工場內生產，一年到頭都不受到天候的影響，總能在需要的時候提供所需的量。

每天的價格相同的話，對家計的影響就變少了。

　　試想若能針對價格變動劇烈，難以控制供需的蔬菜提升技術，或能在蔬菜工場進行生產的話，如此一來應該就能夠即時提供給需求者。

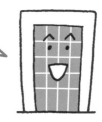

> 說到金針菇，確實在全國各地都是一樣的形態，價格也沒什麼變化。蔬菜工場所生產的蔬菜簡直就像量販店的電器用品一般，可以依照需求量生產出貨，而且一直保持低價。

經濟新聞「刊載文章」

> 　　因為天然災害使供給暫停時，生活必需品（需求量的變化小＝需求曲線的斜度大）價格飆漲會造成社會問題。

下圖中ア～ウ圖縱軸為價格，橫軸為需求量，土地的需求曲線為D，土地的供給曲線為S。考量土地的特性選出土地市場最適當的圖表。

（D：需要曲線、S：供給曲線）

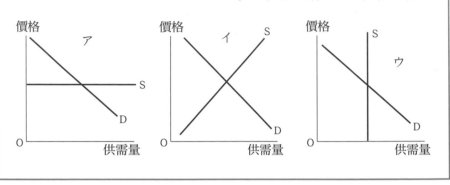

【解說】

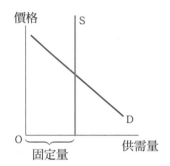

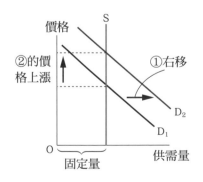

需求線ア～ウ是相同的，視供給曲線的斜度選擇出表示出土地特徵的圖表。

土地的需求無論增加多少，都是固定的數量，供給量完全不會增加。

因此，會畫出與橫軸垂直的供給線，則**ウ為正確答案**。

以垂直供給線的特徵來說
①需求變化時需求曲線移動的情況，

②價格變化可能大於供給曲線的上升。這個供給曲線的形狀可以判別不動產價格容易起伏。

Unit 08

每個人都有各自的需求曲線

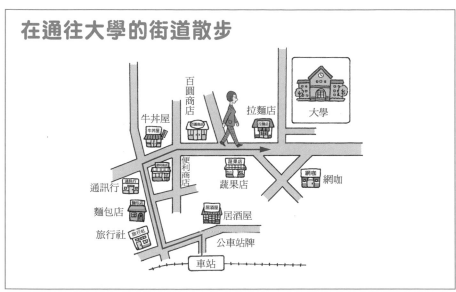

在通往大學的街道散步

牛丼屋　百圓商店　拉麵店　大學

通訊行　便利商店　蔬果店　網咖

麵包店

旅行社　居酒屋　公車站牌

車站

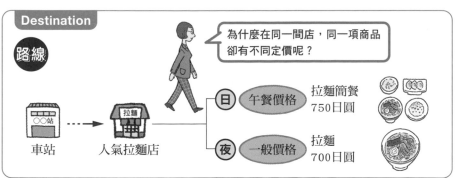

Destination

路線

為什麼在同一間店，同一項商品卻有不同定價呢？

車站 ····▶ 人氣拉麵店

日　午餐價格　拉麵簡餐 750日圓

夜　一般價格　拉麵 700日圓

　在本單元中，我們來到大學附近的人氣拉麵店。

　在學生街這種午餐的一級戰區，到處都是價格便宜的店家。為什麼用便宜的價格販售呢？我們必須思考一下，它是如何受到經濟學思想的支持。

說到午餐的價格，簡餐店這種高級餐廳也有提供便宜午餐的時候，且經常在網路上成為熱門話題。當然，雖然只是午餐，也不代表隨便出一個敷衍的餐點，而是在特定限定的時間內銷售和平時的料理完全相同的餐點。

若環顧四周，會發現到周遭到處都是同樣的戰略。例如，鐵路公司的學生折扣價，行動電話的通話費有深夜的通話費折扣或家庭折扣等，但是即使使用它們也不會有品質惡劣的問題，與平時提供相同的商品及服務。

1 需求的價格彈性

首先，為什麼店家會給予相同商品不同的定價呢？我們試著將來到人氣拉麵店的人、選擇便宜又大碗的午餐的人，及一般價格時段去用餐的人，三者的動機分類看看。

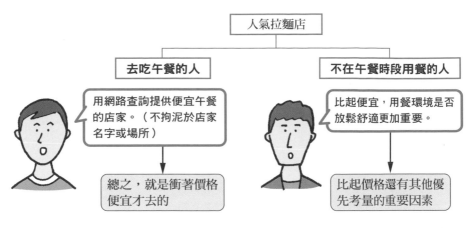

　　午餐時去用餐的人選擇了「便宜」的理由，而選擇午餐時間外的人，則是選擇了價格以外的重要性而在這家餐廳用餐。

　　雖然是相同的商品，但相異的是顧客們的意志及取向。

　　我們以**需求曲線**來說明這一點，價格下跌時需求量將增加多少，使用稱為**需求的價格彈性**為工具。

Key Point

$$需求的價格彈性 = \frac{需求量增加程度的比例}{價格變化程度的比例}$$

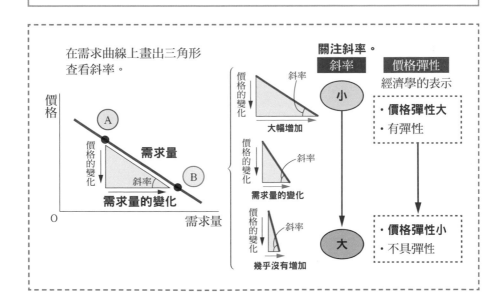

價格彈性是，當斜率小的時候就表示「價格彈性大」，當斜率大的時候就表示「價格彈性小」。有一點相反的概念呢。

《參考》價格彈性的思考模式

　　所謂「彈性」，雖然是有一點聽不習慣的名詞，但就如同彈性這個詞的意思一般，想像一顆球落下後會有多少的反彈力。同樣的，當價格下跌時需求量會增加多少呢？這個比例就稱為價格的彈性。需求量會依價格彈性愈大變動的幅度也相對愈大。

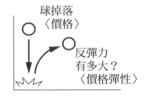

球掉落〈價格〉

反彈力有多大？〈價格彈性〉

2 高價賣給買貴也無妨的人，低價出售給想撿便宜的人（價格差異戰略）

接下來，針對是否前往購買商業午餐的消費者，我們以「價格需求彈性」來說明各別的需求曲線。

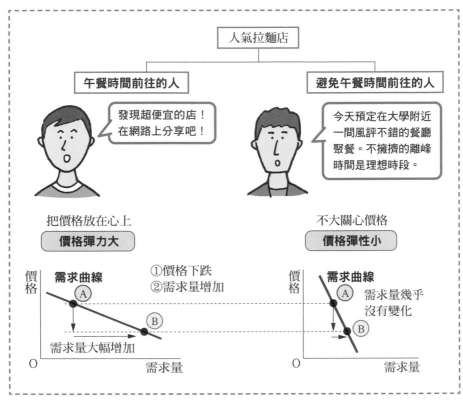

每一位消費者都有不同的需求曲線。價格需求彈性大的人在價格下跌時需求量就會大幅增加，反之，因為價格需求彈性小的人對價格無感，無論在午餐時間或離峰時間都有可能會前往用餐

因此，餐廳透過用餐客人的價格彈性作各別劃分，假設在複數「市場」的條件下經營，能夠獲得較多的利潤。

如此一來，給予想買到低價的人便宜價格，認為高價也無所謂的人則給予較高的售價，這種相異的價格設定稱為**差別化**或**價格差異戰略**。

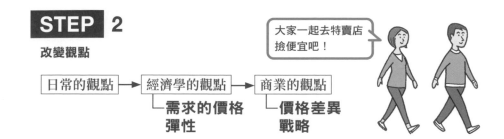

STEP 2

改變觀點

日常的觀點 → 經濟學的觀點 → 商業的觀點
　　　　　　└ **需求的價格**　　　└ **價格差異**
　　　　　　　彈性　　　　　　　**戰略**

> 大家一起去特賣店撿便宜吧！

　　應該也有些人會擔心像午餐這種提供低價商品的公司會不會賺不到錢。在這種受到劃分的市場上，對於需求價格彈性大的客群採用薄利多銷的行銷方式，思考賣的量愈大，低價銷售的部分則創造更多利潤。另一方面，對於價格彈性小的客層，應該設定偏高的價格並且將服務品質提升。即便是同樣的商品，只在同一個市場銷售，還不如劃分成不同市場，使利潤能更加擴大。

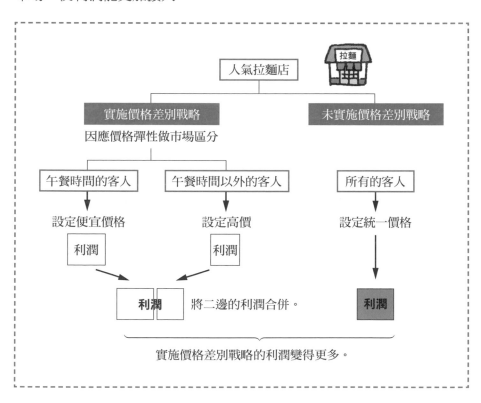

基於相同的考量去思考，為什麼有Lady's Day卻沒有Men's day呢？

針對女性客群可以期待她們會邀約男朋友或閨蜜一起前往的集客效應。
但是若是Men's day，男性大多會一人前往，就無從獲得折扣的效益，應該不容易達到有利的狀態。同樣地，家族折扣或學生折扣都是考量到複數使用者的緣故，對企業而言採取這樣的策略能夠與客戶維繫長期關係。若是單次通話，應該也能夠使用一般通話費率。

　　行動通訊產業之所以成為激戰市場，是因為業者為了確保一點收益，在一般費率外，還設定了常見的學生折扣或深夜折扣，甚至還有家族折扣、銀髮族折扣，將市場依價格彈力做劃分，即使相同的服務也分割成不同類別的費率。並且，對價格彈性小及折扣對象外的一般通話時段，也因企業及自治團體等使用頻率高的關係，能夠維持在一般費率。

經濟新聞「刊載文章」

　　為了對抗行動通訊市場上的通訊三雄，「廉價手機」企業也參一腳，使用者也持續成長。這是透過價格差別，且不拘泥品牌只在意便宜價格，也就是透過所謂的**價格彈性大的消費客群**對手機需求的擴大，開發新市場的結果。

　　關於價格彈性的敘述，請從下列1～4選項中，選出最適當的選項。

1. 隨著香菸價格上漲，禁菸者急速增加的原因是抽菸者的需求沒有彈性的緣故。

2. 但是，對大量飲酒的人，即使酒價上漲也戒不了酒是因為對酒的需求沒有彈性的關係。

3. 受LCC（Low-cost carrier）發展的影響，訪日外國人急增，這是因為對廉價海外航空機票的需求沒有彈性的關係。

4. 另一方面，頭等艙的服務也升級，使餐飲或座位更加充實，這是因為對頭等艙的需求具有彈性的關係。

【解說】

1. ×　因香煙價格上漲，使需求量大減是由於有彈性的關係。

2. ○　即使酒的價格上漲，若購買量沒有受到影響就是無彈性。

3. ×　隨價格下跌，使旅遊人數增加的原因是廉價機票價格具有彈性。

4. ×　由於使用頭等艙的客人不太會受到價格的影響，因此價格不具彈性。

　　綜上所述，**正確答案為2**。

Unit 09

為什麼社群遊戲都很雷同呢？

免費玩的遊戲，遊戲商不會錯過的初始利潤！

在通往大學的街道散步

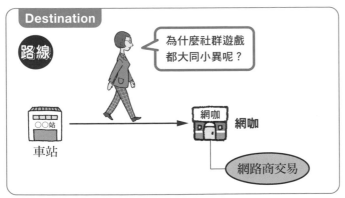

Destination

路線

為什麼社群遊戲都大同小異呢？

車站 → 網咖 **網咖**

網路商交易

＊社群遊戲（網路社群遊戲 Social-network game的簡稱），是透過網路提供下載的線上遊戲，主要在社群網路上交談，一邊互相分享攻略等情報一邊玩遊戲。本書以社群遊戲稱呼。

　　在地圖上顯示附近有網咖的關係，讓我們來看看透過網路的商業交易。

　　在前一個單元當中舉出了將相同商品訂出不同價格的差異定價例

子，但即使同樣的「差別化」一詞，在本單元中將說明不同觀點的**產品差異化**。

　　一般而言，兩者都使用差別化戰略一詞，但是並不是將價格差別化，區分出低價購買與高價購買的消費者市場，而是把產品差別化從原先的商品脫離，製作出新的品牌並且開創新的商品市場。

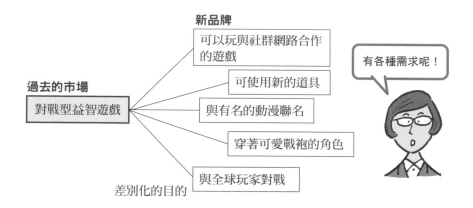

1 非價格差異化，而是採用產品差異化

　　「產品」差異化的戰略在經濟學上以**獨占競爭市場**的型態來解釋。這種獨占競爭市場擁有獨占企業（僅有一間公司）與競爭企業（多數競爭企業）的二種特質。

　　接下來我們以社群遊戲為例來說明這種企業形態。搜尋智慧型手機的 APP Store，就會發現社群遊戲的品牌（名稱）如雨後春筍般的增加。

　　雖然覺得也太多了吧，但每天仍然不斷地有新遊戲上架。為什麼會需要過度的生產呢？

遊戲和APP的數量都太多了，搜尋有點困難。

因為幾乎都是免費的，也很多人下載試用哦。

　　基本上社群遊戲可以免費遊玩，所以無法使用價格差異化的策略，無法透過價格差異的定價來擴大利潤。因此，為了拓展市場只能開發新的品牌（名稱）。新的品牌推出後就與過去的商品區別化，因為一開始只有一間公司，所以能以類似是獨占企業的方式來運作，再透過課金的方式獲取利潤。

　　然而這個市場不是只有大型社群遊戲廠商，而是個人也能自由參與的網路世界。只要有「賺錢」就有許多其他生產者陸續加入，同時使競爭更加劇烈，不斷有企業加入戰局提供類似的新遊戲，直至利潤耗盡為止。

　　簡單來說，在最初時是獨占，但漸漸進入競爭狀態，這就是所謂的獨占性競爭市場。

新品牌
・容易加入
・少額撤出費

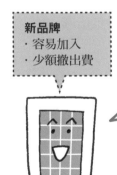

不止是社群遊戲無法以價格競爭，連女性流行雜誌也是相同的情況。由於容易模仿，進入門檻低，因此新的品牌不斷出現，若引起風潮的話，市場上將流通更多的雜誌。

即使是個人，也可以製作商品參與市場。

個人也能做出熱銷商品，非常有競爭力呢。

　　社群遊戲是使用智慧手機，一邊透過通訊一邊進行遊戲的新玩意兒。事實上十分容易模仿，僅需要小額開發費就能參與市場，也很容易撤出。新遊戲的數量過多，也有許多商品的主要目的變成在於獲取初始利益。因此，若不經常推出新的品牌，就會處於難以繼續生存的情況。

　　而且在這些遊戲當中，也有短期內爆發熱潮的商品，但是大多的情

況會因模仿的雷同遊戲陸陸續續上市而被淹沒在市場之中，就長期而言，幾乎沒有利潤可言。

雖然無法期待高額利潤，卻可能擁有品牌特製化的客群，不會有辛苦開發的努力付諸流水的情形。

因此，不會有高額赤字經營的情況，即便發生得抱著遺憾，完全撤出市場的情況時，也只需從伺服器中刪除即可，相關費用低廉。

2 熱銷商品遭到模仿（短期與長期）

STEP 2

日常的觀點 → 經濟學的觀點 → 商業的觀點
└ **獨占的競爭市場** └ **長期來看只有正常利潤**

以獨占的競爭市場生產者來舉例說明社群遊戲，這項服務是在智慧型手機上一邊進行通訊一邊玩遊戲並且有產品化差異，就短期而言因為能夠形成如同獨占企業的形態，並且獲得超額利潤。我們把它分為下列的短期均衡與長期均衡*來分別說明。

*經濟學經常使用「長期」、「短期」的用語。這並非經濟學獨有，而是日常生活中經常聽到的名詞，但是經濟學並不會提出具體的時間長度。短期是供需不均衡狀態。另一方面，長期能夠達到價格調整的伸縮彈性作用，使供需量達到均衡。
　生產者可以在短期內調整生產量或勞動者人數，但卻無法變更工廠的規模或數量；但是長期來說工廠規模的增設是可能的，所有的生產要素都成為可變性。

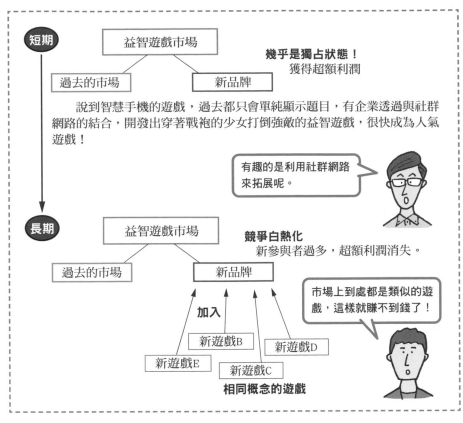

即使社群遊戲是屬於獨占市場，但也不意味著能夠阻止他人進入（擁有專利權或著作權的話才能夠阻止），所以不斷地有新企業湧入市場並推出類似產品。

由於後來的企業對這些做法有一定程度的了解，因此能輕鬆製作出類似商品。因此，在最初擁有獨占利益的生產者其超額利潤逐漸消失，然後又有其他生產者不斷加入，超額供給使得價格持續滑落。最終參與市場的生產者因為**零超額利潤**終於停止參與。

具體來說，關於所謂長期均衡的零超額利潤，是指收入－費用＝利潤的關係，當價格（每1個的收入）與平均成本（每1個的成本）相等時，即使參與市場也無法對超額利潤有任何期待。

這意味著就長期而言，價格會愈接近適當區間。

獨占性競爭市場的長期均衡之下，價格和平均成本會相等，超額利潤為零。

經濟新聞「刊載文章」

2013年便利超商推出1杯百圓的「手沖咖啡」後，一夕之間成為熱門商品。

因此各便利超商開始擴大咖啡戰略，建立了各式各樣的品牌，推出原創商品力圖使產品差異化。

複習題

下列關於獨占性競爭的敘述，何者為最適當的選項？

1. 因為獨占性競爭，與其他多數企業有競爭關係，所以沒有獨自定價的決定權。
2. 獨占性競爭存在商品的差別化，關於價格或產量的決定，必須考量其他企業的反應。
3. 在獨占性競爭的短期均衡中，產量競爭與市場相同。
4. 在獨占性競爭的長期均衡下，利潤最大化的價格水準與平均成本相等，超過正常利潤的利益為零。

（地方上級　改題）

【解說】

1. ×　在短期之下與獨占市場一樣單獨決定價格。
2. ×　不需要考量其他企業的反應。
3. ×　由於短期之下與獨占企業相同，價格設定較競爭市場高，產量會比競爭市場還要少。
4. ○　長期均衡之下，超額利潤為零。

因此，**正確答案為4**。

Unit 10

比什麼都在意其他商店動態的電商

網路電商開打
置頂爭奪戰

　　目前為止，我們學到了價格是由市場的力量來決定。即便市場力量無法作用的獨占市場也能透過政府的介入來導正到適當的價格。另外，並非像獨占市場這般市場上僅有一間公司存在，而在由少數幾間公司壟斷被稱為**寡占市場**的情況下時，又形成了稍有不同的價格模式。

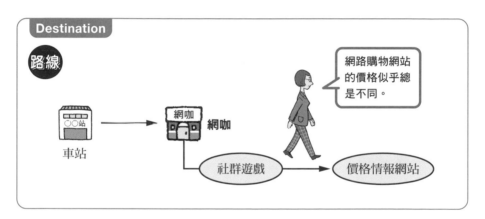

Destination

路線

車站　　→　網咖　網咖

社群遊戲　　→　價格情報網站

網路購物網站的價格似乎總是不同。

　　例如，想買熱門電子產品的人，應該都會在家電量販店或價格情報網站上搜尋商品吧。所謂情報網站，並非是指能夠查詢到日本全國商店的價格，我們可以認為是參與這個情報網站的少數幾間公司以寡占市場的狀態，將價格做為競爭的訊息。

　　為了確認寡占市場上價格的變動，我們實地追蹤了價格情報網站二天。參考樣本為目前當紅的小型數位相機A。

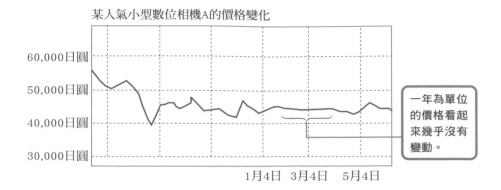

某人氣小型數位相機A的價格變化

一年為單位的價格看起來幾乎沒有變動。

觀察這項商品一年內的價格變化，有波動較大的地方，也有幾乎沒有變化的時候。在這裡，我們應該留意的是後半段看起來價格呈僵固狀態的時期。

像這種價格沒有變化的時期，把它的時間細分成24小時來觀察後，發現到商店之間正進行著激烈的競爭。

1 「分分秒秒」的價格戰

STEP 1

改變觀點

日常的觀點 → 經濟學的觀點
└ 寡占市場

網路上賣得比較便宜嗎？

似乎有降價的時機。

90年代後半，隨著朝IT化方向演進，透過網路買賣商品變得普及化了。它的特色是價格容易變更，也有人說是因此而促使了價格的競爭。

在價格情報網站上，以提供便宜價格商品的商店做順序排列，而且由於大多數的賣家或買家都同時看著相同頁面，賣家會一邊看著電腦螢幕畫面，同時也能24小時觀察其他競爭對手的動態。加上因為不是面對面銷售的關係，在這樣的價格競爭上，無論是大型家電量販店或是個人經營店面都能平等地接受來自消費者的評價。

因為從價格低的開始排序，所以愈便宜愈容易被看到呢。

而且，如果有特賣活動時，情報馬上會在社群網站裡傳開來。

關於數位相機A產品，我們來看看實際觀察後各公司在每個時間點上的情況。

情況1 ①3月9日 18點22分

一般來說想買數位相機的人會集中在晚間瀏覽網站。因此白天時段的價格幾乎不會變動。

不只是消費者，也是生產者不大關心的時間帶呢。

小型數位相機A在價格情報網站的表現

排序	價格	運費	地區	商店
第1名	45,949日圓	免運費	東京	D公司
第2名	45,950日圓	免運費	神奈川	P公司
第2名	45,950日圓	免運費	東京	E公司
第4名	45,960日圓	免運費	東京	PO公司
第5名	46,000日圓	免運費	東京	DE公司
第5名	46,000日圓	免運費	東京	EX公司

售價最便宜的在商店排序最前面。

情況2 ②3月9日 22點32分

晚間9點左右各商店開始設定價格，到晚間11點為止，不斷追隨置頂的最低價格，並且不考慮進貨價格或市場價格，我們認為主因是以其他競爭商店如何制定價格來決定自己公司的定價。

排序	價格	運費	地區	商店	
第1名	45,940日圓	免運費	神奈川	P公司	開始追隨第一名商店的價格。
第1名	45,940日圓	免運費	福岡	H公司	
第1名	45,940日圓	免運費	東京	D公司	
第1名	45,940日圓	免運費	東京	N公司	
第1名	45,940日圓	免運費	東京	E公司	最便宜的價格並列。
第1名	45,940日圓	免運費	東京	DE公司	
第6名	45,960日圓	免運費	東京	PO公司	

2　以其他公司的行動來決定自己公司的行動（追隨與靜觀）

生產者到了深夜會表現出某些特徵的行動。

情況3　③3月10日　1點22分

被認為是連線最集中的凌晨0點～1點，價格的競爭更加激烈，每當價格最低廉的商店排行到第一名時，就會產生其他商店追隨的情況。價格可能「分分秒秒」都會改變。但價格下跌幅度卻極小，僅差距1日圓或10日圓的置頂排序爭奪戰。

排序	價格	運費	地區	商店	
第1名	45,500日圓	免運費	福岡	H公司	其他店鋪觀察第1名的狀況，即時對價格進行變更。
第1名	45,500日圓	免運費	東京	D公司	
第1名	45,500日圓	免運費	東京	R公司	
第4名	45,940日圓	免運費	神奈川	P公司	
第4名	45,940日圓	免運費	東京	G公司	
第4名	45,940日圓	免運費	東京	N公司	
第4名	45,940日圓	免運費	東京	E公司	
第4名	45,940日圓	免運費	東京	DE公司	

消費者也因為苦惱於應該在哪個時間點、哪一個商店消費而輾轉難眠。

用低價銷售的商店盡可能都以排行第一為目標，但若不是把便宜度放在最優先的商店，就會以累積點數倍率或運費、各種活動、各種支付方式來一決勝負。

情況4　④3月10日　5時33分

到了隔日清晨，各家商店的競爭賽也告一段落，幾乎都在同一價格水平之上。也有部分商店價格上漲了，但這是因為他們不追隨其他店鋪，選擇靜觀其變。

僅在短時間當中，消費者和生產者集中起來，然後又在瞬間分散的感覺。

排序	價格	運費	地區	商店
第1名	45,939日圓	免運費	東京	D公司
第2名	45,940日圓	免運費	神奈川	P公司
第2名	45,940日圓	免運費	東京	G公司
第2名	45,940日圓	免運費	東京	N公司
第2名	45,940日圓	免運費	東京	E公司
第2名	45,940日圓	免運費	東京	DH公司
第2名	45,940日圓	免運費	東京	P公司
第8名	46,000日圓	免運費	東京	DE公司

也有價格上漲的公司。

隨著電商交易的發達，並且能夠容易變更價格的同時，消費者也能夠在任何時間確認價格。這是因為買賣雙方都能看到價格的公開的變化，因此**必須經常一邊考量對方的動態來行動，生產者則追隨著其他公司下跌的價格，或靜觀其價格的上漲。**

經濟新聞「刊載文章」

隨著IT化的進步，價格變得容易改變而促使競爭更加激烈。因此消費者的價格導向也從1990年代後急劇上升，**價格彈性**也隨之快速上揚，生產者也更加積極地增加特賣的次數了；但另一方面來看，降價率也縮小到以1日圓為單位的傾向。

為了分析寡占市場，下列的假設事項哪一個是較為妥當的情況呢。

1. 某企業在進行產品價格變更時，有競爭關係的其他企業將該產品售價制定在比平常更低的價格為前提。

2. 某企業在進行產品價格變更時，有競爭關係的其他企業以維持現行價格，僅增加產量為前提。

3. 某企業在進行產品價格變更時，有競爭關係的其他企業追隨其價格上漲但不追隨價格下跌為前提。

4. 某企業在進行產品價格變更時，有競爭關係的其他企業追隨其價格下跌但不追隨價格上漲為前提。

（地方上級　改題）

【解説】

在寡占市場上，有僅追隨其價格下跌，但不追隨價格上漲的思維方式。（拐折的需求曲線理論）

正確答案為 4。

第 **2** 章　學習經濟學的事前準備

在第2章，我們將學習「如同數學般」的經濟學必備知識。無論有沒有學習過數學，以習得經濟學工具及準備階段為目標參加特訓營吧。

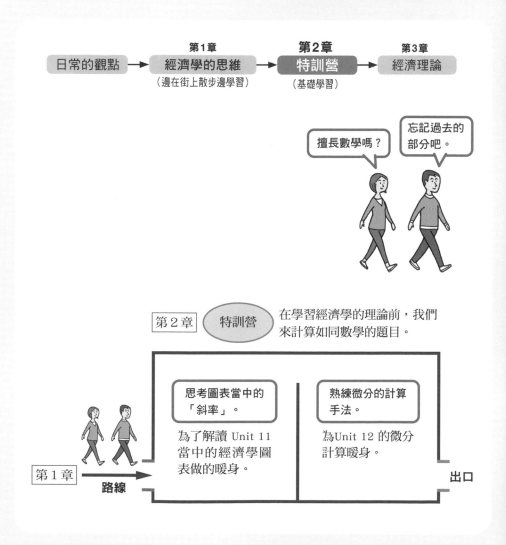

	第1章	第2章	第3章
日常的觀點 →	經濟學的思維	特訓營	經濟理論
	（邊在街上散步邊學習）	（基礎學習）	

擅長數學嗎？

忘記過去的部分吧。

第2章　特訓營　在學習經濟學的理論前，我們來計算如同數學的題目。

思考圖表當中的「斜率」。

為了解讀 Unit 11 當中的經濟學圖表做的暖身。

熟練微分的計算手法。

為Unit 12 的微分計算暖身。

第1章

路線

出口

為閱讀經濟學圖表做暖身

圖表是學習經濟學最大的工具

經濟學之所以讓人有困難的印象，是因為許多的計算問題需要以「微分」的方式來解題。

聽到這樣，都讓人想要去把高中時代的課本挖出來了，但是與數學或物理所使用的微分有少許差異。無論是首次學習微分的人或是過去曾有學習經驗的人，都從同一個出發點出發前進。

在閱讀經濟學圖表前

這種稱為「微分」的計算方式與圖表的解釋有著密不可分的關係。在經濟學當中找出「**唯一的數值**」是必須且重要的課題，透過描繪圖表比較容易去想像這個數值的位置。

例如投球，當使用球瞄準遠距離目標時，不要只會用力和丟直線球，而是看出在彈道的「**固定法則**」，從哪個角度發球，思考拋物線的頂部在哪裡，然後使其命中目標。

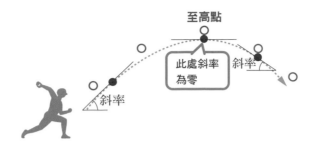

至高點

此處斜率為零

斜率

斜率

此時，球的角度，也就是「斜率」會漸漸地縮小，在**至高點處的斜率為零**，且球在落下的時候斜率會加大。經濟學上的「微分」，需要具備這種思考方式。

這是為什麼呢？在經濟學的問題中被問到「利潤最大化時」或「滿足度最高時」，由於所謂的**最大值只有一個**，位於把它描繪成曲線時呈現「斜率為零」的頂點。

而找出這個點是必要過程，因為圖表的「斜率」和經濟學考試的答案總是同步的關係。

欲求得最佳利潤時，先描繪出利潤的圖表，再找出頂點的位置即可。

---

1 取出圖表中的「斜率」，嘗試製作新的圖表

在第1章當中也出現了不少的圖表，但現在必須要把它們轉換成在經濟學上能輕鬆使用的形態。也就是為了運用稱為「斜率」的概念而使用稱為「**微分**」的作業程序。

步驟-1 跟隨「斜率」的方向

在Unit02當中介紹了表示費用（成本）與數量（生產量）間關係的圖表。縱軸的費用（成本）使用Cost的英文字首「C」，橫軸的數量（生產量）則使用X。

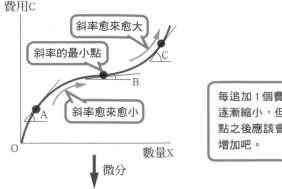

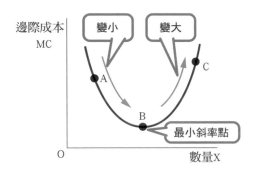

步驟-2 將「斜率」繪成圖表

微分是根據圖表斜率大小來製圖的程序。當我們留意左圖的 A、B、C 三個位置後，就可以想像切線位置斜率最小點、呈現碗型底部的 B 點就是最底部。

將費用函數「C」微分，換句話說就是把斜率圖表化後的事物稱為「邊際」。（代號為「M」*）及**邊際成本曲線**（MC）。（詳細內容將在Unit13中說明。）

經濟學當中所謂的「進行微分」是指像這樣僅關注「斜率」的圖表。

＊表示邊際的「M」

　表示進行微分的「邊際」以Marginal的英文字首M來表示。這是Margin（利潤）的衍生詞，我認為可以想像是「增加的部分」。

複習題

設定縱軸為收入（R），橫軸為數量（X）的情況下，收入曲線（R）以下列方式呈現。此時，邊際收益曲線（MR）會呈現什麼樣子呢？請選出最適當的答案。

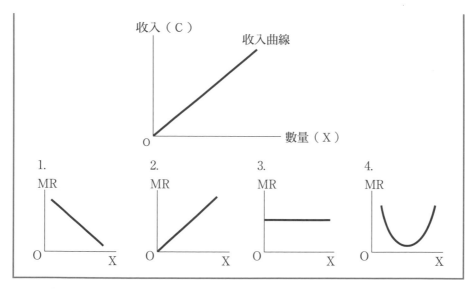

【解説】

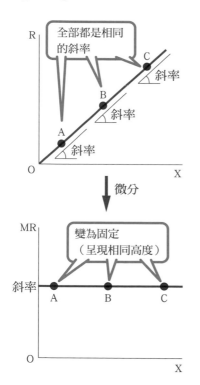

由於題目所呈現出的收入曲線（R）由原點開始是直線狀態，如同左圖能夠確認A點、B點、C點任一點擁有相同的「斜率」。

所謂「進行微分」是指看任一點的斜率。
將A、B、C等點定位後，確認斜率會如何產生變化。

將這個斜率以圖表方式呈現，也就是說將它微分後我們會看到它變成水平線。因此，**正確答案為3**。

順帶一提，將收入曲線（R）微分後出現**邊際收益曲線**（MR）。

即使將「斜率」繪製成圖表，也不需要用量角器來測量正確的角度，掌握趨勢方向（Trend）才是重點。

2 切線「斜率」

要求圖表的「斜率」時先定下 A 點、B 點等任一點，在它上面畫出切線，做出三角形後觀察它的大小，接下來讓我們來更進一步地詳細說明吧！

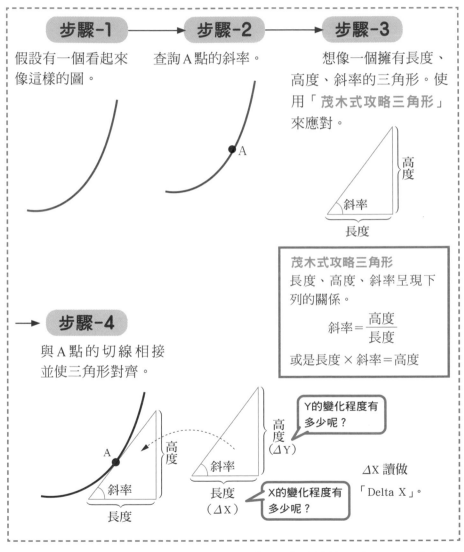

步驟-1

假設有一個看起來像這樣的圖。

步驟-2

查詢 A 點的斜率。

步驟-3

想像一個擁有長度、高度、斜率的三角形。使用「**茂木式攻略三角形**」來應對。

高度

斜率

長度

茂木式攻略三角形
長度、高度、斜率呈現下列的關係。

$$斜率 = \frac{高度}{長度}$$

或是長度 × 斜率 = 高度

步驟-4

與 A 點的切線相接並使三角形對齊。

A

高度

斜率

長度

高度（ΔY）

斜率

長度（ΔX）

Y的變化程度有多少呢？

X的變化程度有多少呢？

ΔX 讀做「Delta X」。

所謂「長度」或「高度」，並非指從原點開始的長度，而是考量任意的點和點之間的線段長度會產生多少的變化？也就是「**變化的部**

分」。若與A點對齊的三角形改變了長度，它的高度也會跟著改變，但是斜率仍維持不變。由於變化的部分使用 **Δ（Delta）** 做代號，若橫軸為X時就是 △X，縱軸為Y時則是 △Y，斜率則以以下的方式來表示。

$$斜率 = \frac{高度}{長度} \longrightarrow 斜率 = \frac{高度變化的部分}{高度變化的部分}$$

$$斜率 = \frac{\triangle Y}{\triangle X}$$

以這個形態表現。

3 從原點起始的「斜率」

除了透過在圖表的任一點上繪製切線來思考斜率之外，在經濟學上有許多時候是觀察從原點起始的斜率。它與微分有不同的含義。

步驟-1

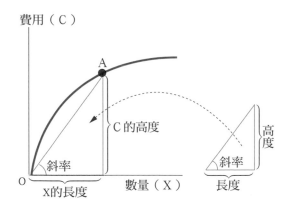

使用在Unit02出現的左圖，其為成本（C）與數量（X）的關係圖。定出任意的A點，標示出從原點起始的斜率、長度、高度。

> **茂木式攻略三角形**
>
> $$斜率 = \frac{高度}{長度}$$

步驟-2

因為這裡的長度或高度並沒有改變，所以不需使用 △（Delta）。在這裡表示斜率的公式如下：

$$斜率 = \frac{高度}{長度} = \frac{數量（X）}{成本（C）} = 每1項的成本 = \textbf{平均成本}$$

圖表中的高度是與生產相關的所有成本，由於是將它與橫軸的數量相除，故「斜率」所表示的是每1個的成本，也就是**平均成本**。

也就是說，所謂平均成本是可以使用計算公式來求得結果，同時在圖表上，藉由從原點開始畫出一條線，能夠掌握何種趨勢的產量會改變平均成本。

例如像前面的圖表形狀來說，我們可以了解到隨著產量增加，每項產品的平均成本漸漸減少（當然，因為切線斜率也變小的關係，所以能夠判斷邊際成本也慢慢減少了）。

由原點起始的「斜率」會成為平均成本！稍微改變觀點就讓人產生不可思議的感覺。

切線的斜率為邊際成本，原點起始的斜率為平均成本！

4 有制約條件下的案例

所謂數量，的確可以無限的延續，但也會有受到像24小時的時間，365天的期限這種限制的情況。我想來探討關於這種受到制約的長度、高度以及「斜率」。

例-1

如下圖製作一個縱軸為所得（M），橫軸為勞動時間（L）的圖表看看，接著應用長度×斜率=高度的話，斜率做為時薪，勞動時間（8小時）×時薪（500日圓）=所得（4000日圓）。

然而，時間並不是無限的，所以這張圖表並不妥當，必須改為受到24小時或365天，這種包含一定的制約的圖表。

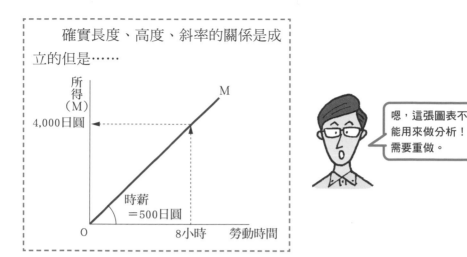

確實長度、高度、斜率的關係是成立的但是……

嗯，這張圖表不能用來做分析！需要重做。

例-1（修正）

這次我們把橫軸設定為非勞動時間，但非勞動時間聽起來好像有點怪怪的，所以在經濟學上以**餘暇時間**來表示。我們將它設定為橫軸。

如此一來，橫軸的長度被限定在24小時內，減掉24小時中沒有用於餘暇時間的差就能夠求得勞動時間。

接下來畫出三角型，看看長度×斜率＝高度之間的關係。例如餘暇時間有16小時的情況下，24小時－16小時＝8小時為勞動時間。並且可以進一步地把勞動時間（8小時）×時薪（500日圓）＝所得（4000日圓）的關係繪製成圖表。

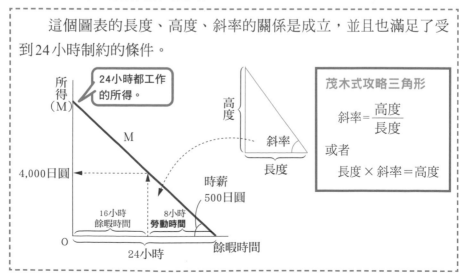

這個圖表的長度、高度、斜率的關係是成立，並且也滿足了受到24小時制約的條件。

茂木式攻略三角形

$$斜率 = \frac{高度}{長度}$$

或者

$$長度 \times 斜率 = 高度$$

這裡有一個縱軸表示為固定成本（FC），橫軸表示為數量（X）的圖表。由原點開始連接至任意點（A點或B點）的斜率來判斷的事項哪一個較為妥當，請選出正確答案。

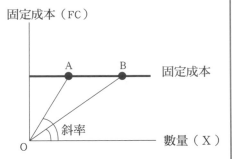

1. 固定成本是與數量無關的固定金額，產量愈大每1個產品的固定成本就愈低。

2. 固定成本是與數量無關的固定金額，產量愈大每1個產品的固定成本就愈多。

3. 固定成本是與數量無關的固定金額，與產量無關每1個的固定成本都是相同的。

4. 固定成本是對應數量的可變動金額，與產量無關每1個的固定成本都是相同的。

【解説】

固定成本是與數量無關的固定金額，由原點所連結的任一點切線的斜率為每1項產品的固定成本。簡而言之，就是表示**平均固定成本**。

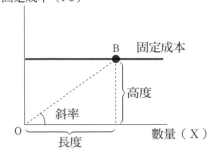

由於固定成本的圖表是固定額，所以會畫出相同高度的切線。

$$斜率 = \frac{高度}{長度} = \frac{固定成本（FC）}{數量（X）} = 每1個的固定成本 = 平均固定成本$$

我們能夠了解到斜率會隨數量（生產量）增加而變小。這表示每一個的固定成本會漸漸變小。因此**正確答案為1**。

5　在經濟學問題中尋找單一值的模式

由於經濟學是一種**單一值結論**的體系，計算題的命題通常為觀察圖表後找出單一數值為解答的模式。接下來我們將確認什麼樣的步驟是必要的。

尋找交叉點的題型

使用頻率最高的是給予二個圖表，找出其交叉點，並求出一個數值的模式。（被決定的數值右上有一個「＊」記號）

P＊、X＊的值可透過二個圖表的聯立方程式求得。

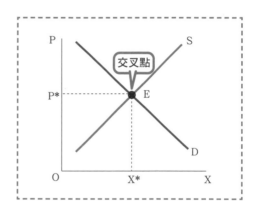

尋找最大值（或最小）值的題型

另外，求出所謂利潤最大或滿足度最大的最大值（很少是最小值）也是常見問題。

這很容易找到答案，它們的重點在於斜率為零的關係，微分後的數值也會是零。

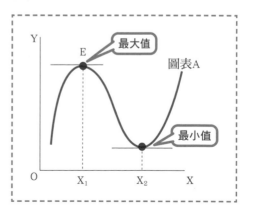

將所有重心放在「斜率」的題型

再來是2個圖表（圖表B與圖表C）並非交叉而是在某一點相接（交點）的情況時，由於在E點上的斜率是一致的，可用斜率為基礎求得解答。

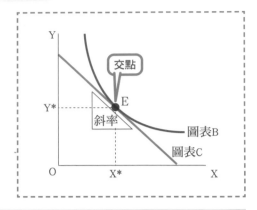

關於個體經濟學所使用的詞彙

在經濟學的問題中，並不會使用如本文說明時用的如蘋果或草莓這種具體的名稱，而是使用「有一種產品」，或X產品、Y產品、Z產品這類的名稱來出題。關於生產及購買等數量也會英文詞彙來表示。

例如，不會使用10個、20個這樣具體的數字，而是使用進行X個或Y個的生產這種描述。題文中的數量僅會使用X或Y這類詞彙來表達。

在這種情況下會使用「只生產了X個的X產品」或「僅購買了Y個Y產品」等，對經濟學的初學者而言會感到不自然的文章。

如此一來，難道不覺得在考場上，光是思考出題時所用的詞彙是代表什麼意義就是件非常浪費時間的事嗎？實際上出現的詞彙只限於X、Y或Q等等，並且被圖像化。

Unit 12

微分計算的暖身運動

只要了解做法，
微分超輕鬆

在此我們將以經濟學當中稱為「微分」的計算方式，來說明關於解題時的步驟。

1 微分的計算方式

微分是為了求出切線斜率，但由於將它以算式來表達時有一定的規則，我們將在這個單元內進行說明。首先當我們繪製圖表時會有縱軸及橫軸，假如我們把縱軸設定為成本（**C**）的情況下，此圖表中的各點切線斜率隨著橫軸數量（**X**）的增加漸漸縮小或放大。

收集各點斜率數值的圖表就成為微分後的圖表，但是會對它使用**「把C用X做微分」**的說法。

計算微分時的符號規則

把C用X做微分時的符號有以下2種型式。

題型 1	題型 2
$$\frac{\triangle C}{\triangle X}$$ 並不是相除，而是以分數方式表現。雖然是用分數方式讀取，但是會變成把C用X做微分。雖然使用Delta符號 $\triangle$，但就算使用「d」也沒有關係。	（C）´ 在右上有「´」的案例並不是 Dash，而是稱為 Primom。讀法為「C 做微分」。

計算微分時的符號規則

X^n的微分程序按下列順序進行。

步驟 1

右上的數字n乘以X之前的數字。

步驟 2

$$nX^{n-1}$$

右上的數字減1。

若不練習這項作業，您將無法在經濟學上得分。

2　微分的計算範例

不光是記住公式，做看看一些例題掌握訣竅吧。

例題-1

請把 $4X^3$ 以 X 做微分計算。

步驟 1

 $X^{③}$　由於右上的數字為 3，所以把 X 前的 4 乘以 3。

步驟 2

$$4 \times 3 \times X^{3-1}$$　右上的數字由 3 減去 1。

$(4X^3)' = 4 \times 3 \times X^{3-1} = 12X^2$　**答案為　12X²**

> 只有 2 個步驟！
> 這樣的話我會算了。

接下來我們試著稍微進階一點的題目吧。

例題-2

　請把 2X 以 X 做微分計算。

步驟 1

 $X^{①}$　由於右上的數字是 1 的關係，所以把 X 前的 2 乘以 1。

> 2X 的 X 右上沒有任何數字
> 時就是「1」的意思。
>
> $X = X^1$

步驟 2

$$2 \times 1 \times X^{1-1}$$　將右上的數字減去 1。

$(2X)' = 2 \times 1 \times X^{1-1} = 2 \times X^0 = 2 \times 1 = 2$　**答案為　2**

將 X 乘以 0，
而 X⁰ 就是 1。

※ $X^0 = 1$，為什麼呢？我們將在下面說明。

(1) 首先是 $X^1 = 1$。

(2) 接下來，X^{-1} 就是 $\dfrac{1}{X}$。分數的規則是右上的數字加上－（負號）。因此，

$$X^0 = X^{1-1} = X^1 \times X^{-1} = X \times \dfrac{1}{X} = \dfrac{X}{X} = 1$$

例題-3

請將 5 用 X 微分計算。

步驟 1

$$5 = 5X^0$$

5 這個數字並沒有附帶 X 記號，也沒有右上的指數。所以在此試著硬加上 X 和右上的指數。

由於 $X^0 = 1$，所以 $5 = 5X^0$

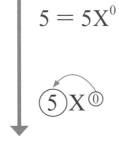

將右上的指數 0 與 X 前的數字 5 相乘。

步驟 2

$$5 \times 0 \times X^{0-1}$$

將右上的指數從 0 減去 1。

而因為 0 乘以任何數都是 0，所以不須計算。

$(5)' = (5X^0)' = 5 \times 0 \times X^{0-1} = 0$　**答案為**　**0**

例題-4

請將 $4X^3+5X^2+3X+4$ 以 X 微分計算。

匯總剛才所學的之後進行演算。

$$(4X^3 + 5X^2 + 3X + 4)'$$
$$= 4\times3\times X^{3-1} + 5\times2\times X^{2-1} + 3\times1\times X^{1-1} + 4\times0\times X^{0-1}$$
$$= 12X^2 + 10X + 3$$

答案為　$12X^2 + 10X + 3$

像這種成串的算式題型是最常被用在考試當中的。

接下來我們來思考看看有2種文字的題型吧。

例題-5

請將 XY 用 X 微分計算。

這回的題型，加入了與 X 不相關的 Y。以 X 微分的情況下，將 X 以外的文字如同數字一般按照原本的狀態呈現。

$$(XY)' = \underbrace{1\times X^{1-1}}_{\text{只有這裡微分}}\times \underset{\text{不做處理}}{Y} = 1\times X^0\times Y = 1\times1\times Y = Y$$

答案是　Y

例題-6

請將 $20Y-6Y^2-XY$ 用 Y 做微分。

更進一步地來解複式計算題吧。要對 Y 做微分但卻加入了不相關的 X，同樣把它當做數字來處理即可。

$$(20Y - 6Y^2 - XY)'$$
$$= 20\times1\times Y^{1-1} - 6\times2\times Y^{2-1} - \underset{\text{不做處理}}{X}\times1\times Y^{1-1}$$
$$= 20\times Y^0 - 12\times Y - X\times Y^0$$
$$= 20 - 12Y - X$$

答案是　$20-12Y-X$

附帶一提，也有以分數出題的情況，且考試當中很常見。

例題–7

將 $\dfrac{1}{X}$ 進行微分。

分數的 $\dfrac{1}{X}$ 也以寫成 X^{-1}。寫成 X^{-1} 後再進行微分。

$$(X^{-1})' = -1 \times X^{-1-1} = -X^{-2}$$

由於右上的指數又變成－（負數）了，這次我們反過來把他轉換回分數的形式。

$$-X^{-2} = -\dfrac{1}{X^2}$$

第 **3** 章　經濟理論

　　在第3章，我們將以第1章及第2章所學的知識為基礎，更進一步地
掌握經濟理論，並挑戰實際出現在考題中的經濟學問題。

日常的觀點　→　**第1章**　經濟學的思維　→　**第2章**　特訓營　→　**第3章**　經濟理論

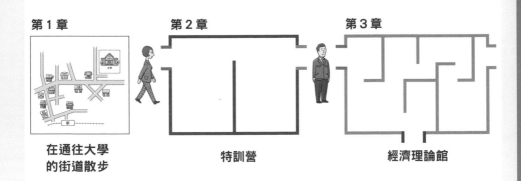

第1章　　　　　　　　**第2章**　　　　　　　　**第3章**

在通往大學
的街道散步　　　　　　特訓營　　　　　　經濟理論館

所謂經濟學領域

經濟學指的是消費者與生產者的行為，以及對他們聚在一起後的社會現象進行研究的領域。它與研究對象受到限定的法學或經營學不同，而是所有人類行為都是研究對象的社會科學。說到人類行為的研究，普遍會涵蓋文學、哲學，或心理學等的印象。然而它與這些人文科學不同的是設定了單一的模式，若要在這裡找出一定的規則，**結論就是只有1個數值**，而它確實是一個科學性質的系統。

以下，我們將針對關於所謂「僅有1個數值」的分析手法進行說明。

狀況1　現實中的經濟問題

現在開始進行經濟學的學習，而現實中的經濟太過於複雜，逐一分析並解決問題必須花費許多時間和精力。

因此，經濟學式的思維是由「現實的經濟」當中，僅選取特定的事件並建立**單純的模型**，在這個範圍內進行引導出結論的作業。

狀況2　使其模式化

模式化是指進行一項非常合理的作業。

舉例來說，假設「生產者只製作1種產品」或「消費者僅購買2種商品」這種單純化的世界。這是因為在這個被單純化受到限制的範圍內，能夠透過使用模式簡單地找出一定的規則。

將這些被引導出來的一定規則組合後，簡直是「蝴蝶效應」，各種各樣事情的關係猶如瓜藤般牽連成串。

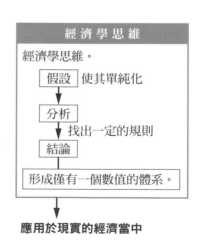

最後，將透過這個模式所引導出的結論應用到實際的經濟當中，就可以去討論哪一種政策較為理想。

第3章的路線

圖中有2個入口，在個體經濟學當中出場的人物消費者與生產者由各別的入口進入（在Unit18會再增加一個政府介入的出場人物）。

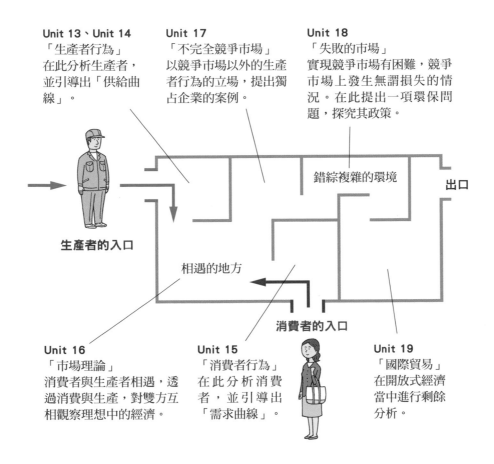

Unit 13、Unit 14
「生產者行為」
在此分析生產者，並引導出「供給曲線」。

Unit 17
「不完全競爭市場」
以競爭市場以外的生產者行為的立場，提出獨占企業的案例。

Unit 18
「失敗的市場」
實現競爭市場有困難，競爭市場上發生無謂損失的情況。在此提出一項環保問題，探究其政策。

錯綜複雜的環境

出口

生產者的入口

相遇的地方

消費者的入口

Unit 16
「市場理論」
消費者與生產者相遇，透過消費與生產，對雙方互相觀察理想中的經濟。

Unit 15
「消費者行為」
在此分析消費者，並引導出「需求曲線」。

Unit 19
「國際貿易」
在開放式經濟當中進行剩餘分析。

使用微分的第一步

生產者如何決定
利益最大的生產量呢？

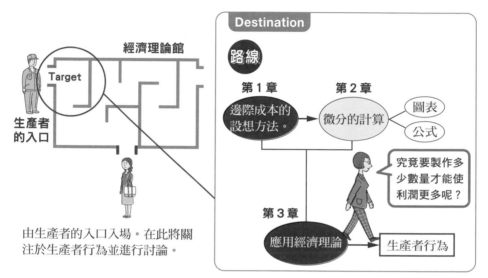

Destination

路線

生產者
的入口

經濟理論館

Target

第1章
邊際成本的
設想方法。

第2章
微分的計算

圖表

公式

究竟要製作多
少數量才能使
利潤更多呢？

第3章
應用經濟理論 → 生產者行為

由生產者的入口入場。在此將關
注於生產者行為並進行討論。

使用微分，達到本測驗水準並且精熟及加深
知識。

生產者以市場所給予的價格做基礎來決定**利潤最大生產量**。

求取利潤的一方

利潤＝收入－成本

種植蔬菜只需要花費5000
日圓的費用，把它們出售可
以得到8000日圓的收入，
這種情況的利潤是多少呢？

收入8000日圓，成本
5000日圓的話，8000
日圓－5000日圓＝
3000日圓的利潤。

在這個算式中出現了稱為收入的角色。收入在商業行為上是營業的
金額，以1個的價格生產量求得。也就是假設生產的物品能夠全數售

出，因此銷售量＝生產量。

透過銷售1個物品所得到的金額，理所當然是指此項產品「價格」部分的收入。那麼，接下來我們來試著解開下列例題吧。

試著應用目前為止所學的知識來解開下列例題。

例題

某生產者生產了稱為A的產品。此產品的市場價格為10日圓。
當製造成本以$TC = Q^2$表示時，請求出利潤最大的產量量。

（Q：生產量、P：價格、TC：總成本）　　（Q為Quantity、P為Price的英文字首）

使用表格來追蹤生產量、收入、成本，與利潤的關係。
A：收入：單價 × 生產量
B：成本：根據題目，是產量的平方。
接下來，把A：收入減去B：成本，計算出C：利潤。

產量	1	2	3	4	5	6	7	8	9
A：收入	10	20	30	40	50	60	70	80	90
B：成本	1	4	9	16	25	36	49	64	81
C：利潤	9	16	21	24	25	24	21	16	9

> 1個10日圓的關係，生產量增加時收入以10日圓為單位增加。

> 以生產量數字的平方計算。

> 以收入減去成本計算。

看了這張圖表後可以得知，產量5個時是利潤最大的數量。觀察利潤欄，會發現隨產量增加利潤也漸漸增加，到了最大值之後則漸漸減少。若以輪迴的方式來說，每4個之後多製造1個會增加利潤，第6個起，少製造1個會使利潤變大。

從上表中，我們看到產量逐一增加，但是通常在經濟學當中只會一次解決。在此必要的計算方式就是稱為微分的作業。

就算不知道微分，若在考場上能夠製表也行得通呢！

製作表格也可以找出解答，但是恐怕時間會不夠用哦。

　　所謂使用微分的思考方式，並非僅觀看數值的大小，而是去想像它會有多少變化。例如，A君和B君都在測驗時取得80分的成績。並不是只看這個分數就進行評論，而是與前一次考試相比產生了多少的變化。若A君上次的考試成績是50分，而B君是75分，那麼A君比上一次進步了30分。因此，我們會認為A君付出了相當大的努力，往後更加令人期待。就像這樣，並非僅看現在的數值，將觀察從上一次變化的部分納入經濟學的計算過程當中。

使用計算一次解決　　使用微分計算出「利潤最大的生產量」。

收入

　　　將收入微分。由於收入為1個10日圓×生產量的（Q），可以用（TR）＝10Q來表示。試著將它微分看看。微分之後，總收入（TR）成為邊際收益（MR）。
　　由於收入＝10Q
　　邊際收益（MR）＝（TR）′＝$10 \times 1 \times Q^{1-1} = 10 \times 1 \times Q^0$
　　　計算得到　＝$10 \times 1 \times 1 = 10$

成本

　　　將成本微分。成本以應對其產量（Q）的平方來表示。
　　　總成本（TC）＝Q^2，微分之後，成本（TC）成為邊際成本（MC）。
　　　成本（TC）＝Q^2
　　　邊際成本（MC）＝（TC）′＝$1 \times 2 \times Q^{2-1} = 2 \times Q^1 = 2Q$

可透過邊際收益＝邊際成本來求得最大利潤生產量（稍後說明）。
從邊際收益＝邊際成本得到
　　$10 = 2Q$
方程式解開後，得到Q＝5的解答，因此5個是最大利潤生產量。

無需製作表格，只要進行微分的話，就可以在很短的時間內得到解答。那麼，我們將在Unit13當中說明為什麼當邊際收益＝邊際成本時是決定利潤最大生產量的公式。

感覺能夠以微分計算的話就能改以商業觀點來看待經濟呢。

1　以圖表來顯示收入與成本

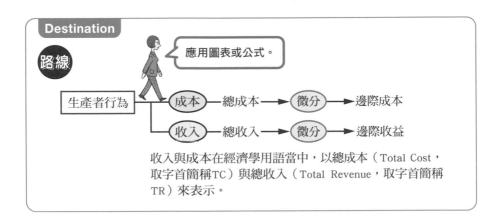

Destination

路線

應用圖表或公式。

生產者行為 — 成本 — 總成本 → 微分 → 邊際成本
　　　　　 — 收入 — 總收入 → 微分 → 邊際收益

收入與成本在經濟學用語當中，以總成本（Total Cost，取字首簡稱TC）與總收入（Total Revenue，取字首簡稱TR）來表示。

情況1　固定成本與變動成本

　　首先，我們假設以只生產1種產品為基礎，對成本進行說明。

　　成本可以用成本曲線來表示，這是將為了生產某種產品所需要的費用與產量（Q）做出對應，表現出需要使用多少的數量。

　　而成本曲線又可以更進一步分類為固定成本與變動成本。

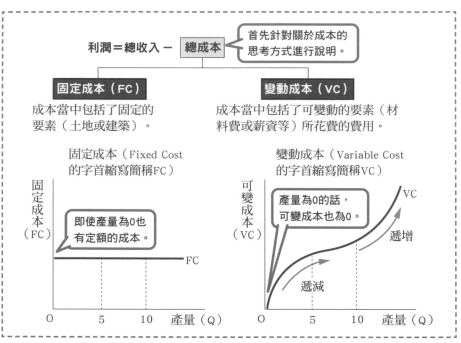

利潤＝總收入 － 總成本

首先針對關於成本的思考方式進行說明。

固定成本（FC）

成本當中包括了固定的要素（土地或建築）。

固定成本（Fixed Cost 的字首縮寫簡稱FC）

固定成本（FC）

即使產量為0也有定額的成本。

FC

O　　5　　10　產量（Q）

變動成本（VC）

成本當中包括了可變動的要素（材料費或薪資等）所花費的費用。

變動成本（Variable Cost 的字首縮寫簡稱VC）

可變成本（VC）

產量為0的話，可變成本也為0。

VC

遞增

遞減

O　　5　　10　產量（Q）

如建築物的租金，即使1個都沒有生產也會產生一定的成本。但是材料費是屬於跟著產量增加的成本。

情況2　引導出總成本曲線

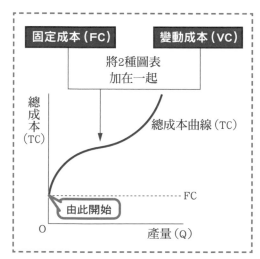

固定成本（FC）　　**變動成本（VC）**

將2種圖表加在一起

總成本（TC）

總成本曲線（TC）

FC

由此開始

O　　　　　　產量（Q）

　　由於固定成本（FC）是即使產量為0也會發生的成本，將它的水平在一開始就設定好，再加上變動成本後，就完成固定成本（FC）＋變動成本（VC）＝總成本（TC）的圖表。

這樣就可得知，即使產量為0，總成本（TC）當中，也會有固定成本的部分產生。

情況 3　引導出總收益曲線

接下來，我們也將收益部分圖表化。

利潤＝ 總收入 －總成本

每一個的價格（P）×產量（Q）

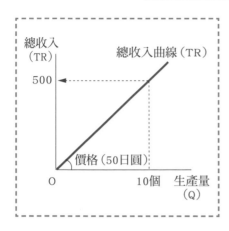

收益曲線是指生產某產品透過銷售所獲得的收入，將它與生產量（Q）的關係表示出來的圖表。收益為價格，但是在個體經濟學當中生產量與銷售量是相等的，因此將橫軸設定為產量（Q）。

例如左圖，當 1 個 50 日圓產品，生產 10 個的時候，50 日圓×10 個＝500 日圓，則表現它為收入的關係。

總收入曲線的斜率、長度、高度的關係使用「茂木式攻略三角形」來看的話就可以了哦。

長度×斜率＝高度
10個×50日圓＝500日圓

2　追求利益最大化的生產量

從「利潤＝總收入－總成本」的定義，將總收入曲線與總成本曲線合併到同 1 個圖表當中，並導出利潤。

讀取 2 個圖表能確認生產者的情況。

情況 1　因應產量使經營狀態改變

我們可以透過閱讀圖表去了解，因應生產水準使得經營狀態發生下列變化。

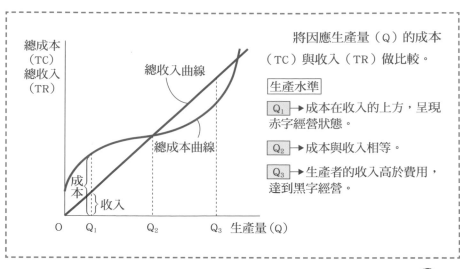

將因應生產量（Q）的成本（TC）與收入（TR）做比較。

生產水準

Q_1 → 成本在收入的上方，呈現赤字經營狀態。

Q_2 → 成本與收入相等。

Q_3 → 生產者的收入高於費用，達到黑字經營。

成本與收入的大小以高度來比較，成本較大的話，就會產生損失。

情況2　太少或太多都不好

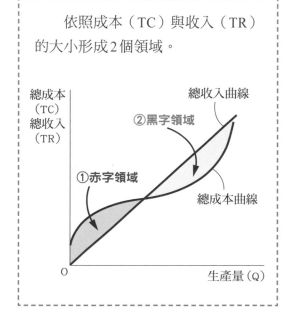

依照成本（TC）與收入（TR）的大小形成2個領域。

在左圖有2個突起的領域，我們可以得知①赤字領域，②黑字領域。各別說明如下。

少量生產將持續赤字經營的狀態，為獲取利潤，需要透過擴大產量才可能轉為黑字經營。

然而，超過某個水準後增加產量的話，黑字卻會開始減少。若再進一步增加產量，很可能會再度回到赤字經營的狀態。

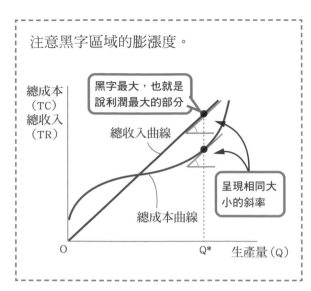

注意黑字區域的膨漲度。

黑字最大，也就是說利潤最大的部分

總成本（TC）總收入（TR）

總收入曲線

呈現相同大小的斜率

總成本曲線

O   Q*   生產量（Q）

※代表利潤最大生產量的Q，右上方要打上一個*號。

在此我們可以忽視赤字的領域，僅注意黑的字的區域時會發現膨起來的地方是**利潤最大生產量（Q*）**。這個部分的總成本曲線與總收入曲線的**切線斜率**應該是呈現相同狀態。

在此「顯示斜率的圖表」＝「微分圖表」的話，我們認為利潤最大的產量應該能夠明訂於圖表的交點處。

情況3　將總成本曲線、總收入曲線微分後導出邊際成本曲線、邊際收益曲線

以總成本曲線的「切線斜率」為基礎導出邊際成本曲線（MC）。在Unit11當中，我們使用「切線斜率」這個名詞來稱呼微分，但是在經濟學的定義上，則是使用邊際成本的這個稍微困難的字詞來表達「每追加1個單位的生產量時，總成本所增加的部分」。

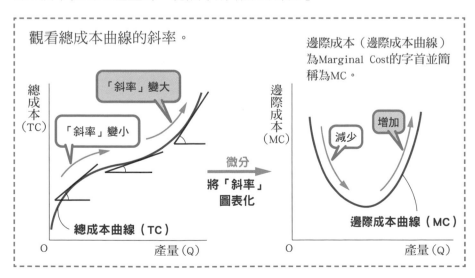

觀看總成本曲線的斜率。

邊際成本（邊際成本曲線）為Marginal Cost的字首並簡稱為MC。

總成本（TC）

「斜率」變大

「斜率」變小

總成本曲線（TC）

O   產量（Q）

微分
將「斜率」圖表化

邊際成本（MC）

減少

增加

邊際成本曲線（MC）

O   產量（Q）

總覺得把「斜率大小」稱為「邊際～」這個詞好像不是很搭的感覺。

是呀！這是來自數學的翻譯。在經濟學上的微分就是指Marginal，也就是說，Marginal的意思是「增加的部分」，所以和數學領域多少有些區分。

同樣的，我們來表達邊際收益曲線（MR）。

它是由總收益曲線的斜率所導出，總收入曲線的斜率為一定的價格（P），微分後就會與價格相等，應該會畫出一條水平線。

有關邊際收益曲線，在經濟學的用語定義為「每增加1個單位的產量能為總收入帶來多少的增加量」。

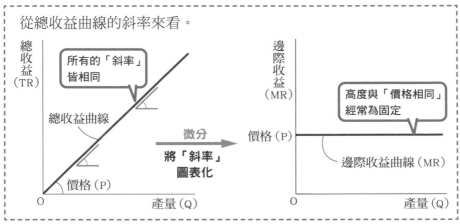

從總收益曲線的斜率來看。

※MR為將總收益（TR）微分後的邊際收益 Marginal Revenue的英文字首。

嗯～雖然是直線，但名稱還是叫做「曲線」呢！

當邊際收益（MR）每增加1個時會帶來多少的收入呢？例如從第1個開始到第2個、從第10個開始到第11個起、從第100個開始到第101個，從任何產量（銷售量）開始追加所獲得的收入都僅為該物品的價格部分。也就是說邊際收益（MR）的實體為價格。

Key Point

邊際收益（MR）＝價格（P）

（在競爭市場的情況下）

情況4 決定利潤最大的產量

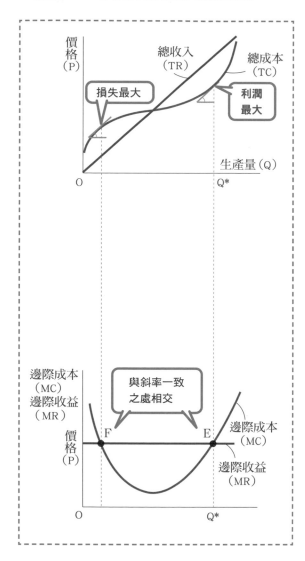

最後，透過圖表來表達利益最大的產量。

如同左圖總成本曲線（TC）與總收益曲線（TR）的斜率有2個部分的斜率相同。分別為損失最大與收益最大。

> 利潤＝總收入－總成本
> 因此，使用圖表就可以明白利潤最大與利潤最小（損失最大）的點。

下面準備了微分後的圖表。

邊際成本與邊際收益在斜率相等的地方以交叉點的方式呈現。

生產者在利潤最大的E點（F點為損失最大，故不適用）上，邊際收益（MR）＝邊際成本（MC）的E點上決定產量。

> 原來這就是經濟學所追求，所謂「唯一值」的回答方式。

Key Point

決定利潤最大的產量

邊際收益（MR）＝邊際成本（MC）

在競爭市場上生產某項產品的企業的總成本曲線顯示為

TC＝2Y³－12Y²＋48Y（TC：總成本，Y：生產量）。

當給予產品120日圓的價格時，該企業的利潤最大產量是多少呢？

1. 3　　**2.** 4　　**3.** 6　　**4.** 8

（國稅專門官　改題）

【解説】

企業的最利潤最大產量為

邊際成本（MC）＝邊際收益（MR）

而由於MR（邊際收益）＝P（價格）為同等值，在本題可用MC（邊際成本）＝P（價格）做為解題方向。

步驟1　求出邊際成本

透過將總成本（TC）微分來求算邊際成本（MC）。

$$TC = 2Y^3 - 12Y^2 + 48Y$$

邊際成本（MC）＝(TC)′＝$2 \times 3 \times Y^{3-1} - 12 \times 2 \times Y^{2-1} + 48 \times 1 \times Y^{1-1}$

$$= 6Y^2 - 24Y + 48$$

步驟2　解開方程式

利潤最大產量為MC（邊際成本）＝P（價格）

$$6Y^2 - 24Y + 48 = 120$$

接下來解開此方程式

兩邊除以6。$Y^2 - 4Y + 8 = 20$

將右邊變為0，$Y^2 - 4Y - 12 = 0$

將左邊做因數分解（Y－6）（Y＋2）＝0

$$Y = 6 、 -2$$

由於生產量不可能為－2，因此為6。因此**正確答案為3**。

> 求得了二個生產量最大的數值，但這當中還是只有一個是利潤最大的數量呢。

Unit 14

圖表、計算，接下來是「面積」

為何生產者總是致力於刪減成本呢？

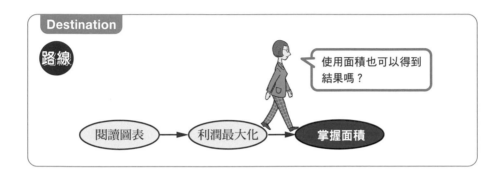

Destination

路線

使用面積也可以得到結果嗎？

閱讀圖表 → 利潤最大化 → **掌握面積**

　　如同在第1章當中學習到的，價格並非由消費者或生產者，而是透過市場的力量來決定。

　　由於生產者無法決定價格，只能控制產量，因此經常使用邊際成本＝邊際收益的方式來設定出利潤最大的產量。

　　另外，生產者也無法阻止由市場決定的價格下跌，別說利潤了，當價格下跌到連成本都無法回收的程度時，也不得不停止生產。因此生產者必須要能夠判別這些情況。

　　在這裡，我們以智慧型手機市場價格下跌時的情況為例，思考看看智慧型手機製造商A會採取什麼樣的行動呢？

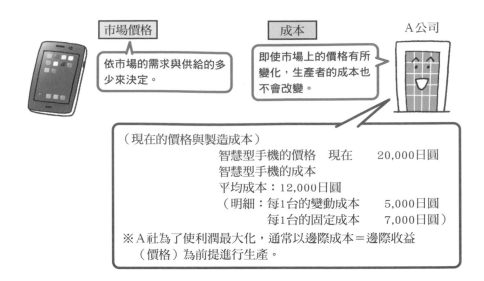

市場的價格變化

接下來看看市場的價格變化與生產行動。

情況1　市場價格為20,000日圓的情況下

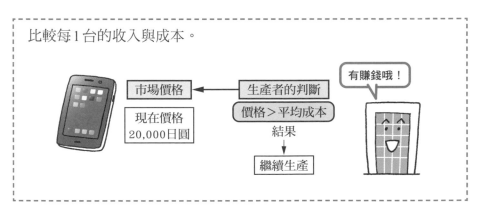

現在價格為20,000日圓，換句話說就是1台的收入。另一方面，所謂的平均成本，也就是它每1台的成本。總而言之，若以「每1台」為基礎來看，只要價格在平均成本之上就會產生利潤，因此就會繼續生產。若現在價格為20,000日圓，而平均成本為12,000日圓，則每1台就會產生8,000日圓的利潤。

情況2　若市場價格降至 12,000 日圓的話？

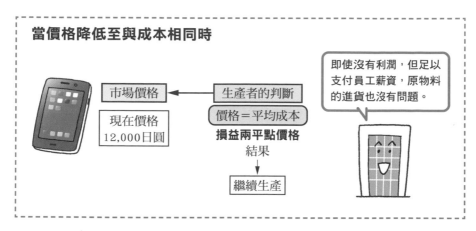

當價格降低至與成本相同時

市場價格 ← 生產者的判斷

現在價格
12,000日圓

價格＝平均成本
損益兩平點價格
結果

繼續生產

即使沒有利潤，但足以支付員工薪資，原物料的進貨也沒有問題。

　　當價格變為 12,000 日圓時，與平均成本金額相同，利潤為 0 日圓。這種情況被稱為**損益兩平點**，但因為並沒有實際產生損失，所以還是會持續生產。

情況3　當價格降為 8,000 日圓時？

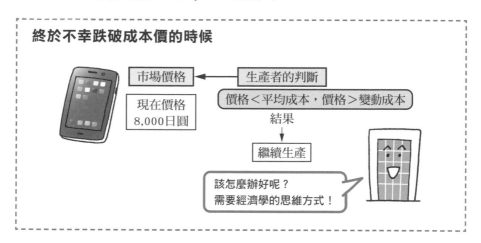

終於不幸跌破成本價的時候

市場價格 ← 生產者的判斷

現在價格
8,000日圓

價格＜平均成本，價格＞變動成本
結果

繼續生產

該怎麼辦好呢？
需要經濟學的思維方式！

　　當價格降為 8,000 日圓時，由於市場價格低於平均價格，因此利潤為負數。不過通常在這個水平時即使沒有利潤還是會考慮繼續生產。

　　這是因為，若現在就停工就會立即損失 7,000 日圓固定成本的全額。由於固定成本是即使為產量為 0 時仍然會產生的費用，只要能回收這個部分就能使損失減少。

即使跌破成本也要繼續生產的案例

市場價格

現在價格
8,000日圓

固定成本7,000日
圓，為生產與否都
會產生的成本。

停止生產時

當價格為8,000日圓時，若停止生產就會損失固定
成本7,000日圓。

持續生產時

若價格8000日圓，而變動成本為5,000日圓時，能
夠全數回收。並且也能回收3,000日圓的固定成
本。也就是說損失僅有4000日圓的關係，持續生
產能以降低損失額的方式經營，因此我們可以認為
這是最理想的判斷。

不是看利潤的多寡，而
是比較如何減少損失。
原來持續生產是為了讓
損失減少。

只要能回收一部分的
固定成本，就會持續
生產。

情況4　當價格跌至5,000日圓時

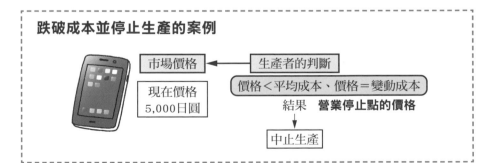

跌破成本並停止生產的案例

市場價格 ← 生產者的判斷

現在價格
5,000日圓

價格＜平均成本、價格＝變動成本

結果　營業停止點的價格

中止生產

　　當價格跌至5000日圓時，即使繼續生產也無法回收固定成本。而
且若價格再跌到比這個水準更低時，連生產的變動成本都收不回來。

　　因此當價格在5,000日圓以下時停止生產會是比較理想的選擇。這
個價格＝每1台的變動費用的水平被稱為**營業停止點**。

若固定成本無法回收的話，就生產不下去了！因此為了能刪減固定成本，可能有些企業會將製造據點移至海外等便宜的地方。

接下來要對生產者的行為進行分析，我們來準備好分析時必備的工具吧。

1　以圖表來表示平均成本（準備工具1）

接下來將說明分析時，必備的平均成本圖表的導出及思考模式。

必須使用平均成本圖表的原因是，企業將市場所決定的價格做為應該決定如何因應的指標。對於生產者而言，雖然無法控制價格，但卻可以調整成本。

在前一個單元中說明過以微分為基礎所導出的邊際成本，是指使用生產量從第1個到第2個、第100個到第101個，當追加時會增加多少成本的思考方式。

相對於邊際成本，平均成本是在某個一定的生產量時（例如當生產第100個時）的總成本除以產量，是指在這個產量之下所計算出每1個的成本。

比較每1個的收入（價格）與每1個的成本之後，再統整出生產者的行動。

若價格極端地下跌，對消費者而言是件開心的事，但生產者卻似乎陷入苦惱之中呢。

每一日，都為經營籌措而辛勞。

平均成本圖表

平均成本（AC），在圖表上，任何一個產量的斜率都是由原點開始。

使用以下的順序可以導出平均成本曲線（平均成本為，Average Cost的字首，縮寫為 AC。）

> 每1個的成本

$$平均成本（AC）＝總成本（TC）÷產量（Q）＝\frac{總成本（TC）}{產量（Q）}$$

> 除法以分數型態表示。

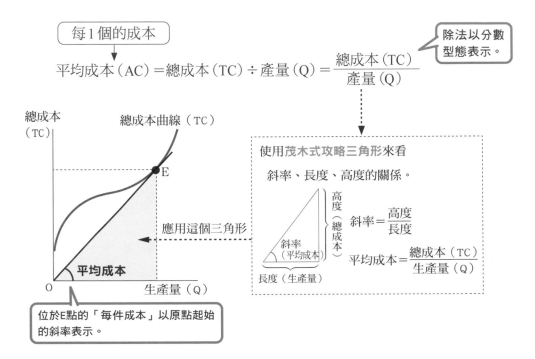

使用茂木式攻略三角形來看

斜率、長度、高度的關係。

$$斜率＝\frac{高度}{長度}$$

$$平均成本＝\frac{總成本（TC）}{生產量（Q）}$$

應用這個三角形

位於E點的「每件成本」以原點起始的斜率表示。

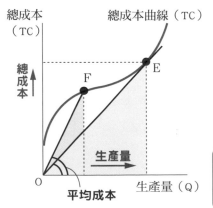

把這個三角形與圖表合併後，「長度」為橫軸的產量，「高度」則為縱軸的總成本。

在這裡我們把焦點放在平均成本的三角型「斜率」上。

從圖表上我們可以了解，到E點為止產量增加的話，總成本就會增加，但是平均成本卻會減少。

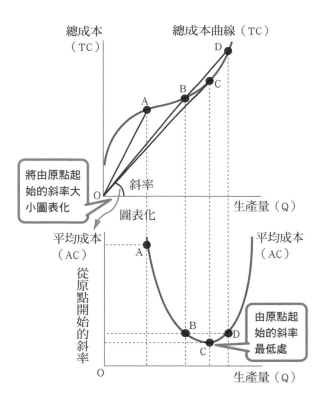

將由原點起始的斜率大小圖表化

斜率

圖表化

從原點開始的斜率

平均成本曲線（AC）的圖表繪製方式為，設定任意的一點（假設是 A～D 點），而原點起始到這一點的斜率大小以圖表方式表現。

從原點開始斜率漸漸縮小，以斜率最小的地方為界線漸漸變大。依循順序，將斜率大小圖表化。

平均成本曲線（AC）如同左圖，C 點為最低點與 B 點及 D 點的斜率大小相同，如同邊際成本曲線一般呈現碗狀。

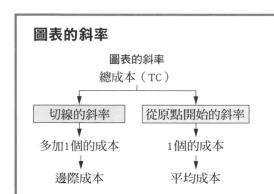

圖表的斜率

圖表的斜率
總成本（TC）

切線的斜率	從原點開始的斜率
多加1個的成本	1個的成本
邊際成本	平均成本

解析總成本曲線圖的時候，切線的斜率即為邊際成本，從原點開始的斜率則為平均成本。

無論是邊際成本曲線或平均成本曲線，它們的圖表形狀都很像呢。

關於平均成本的知識（準備工具2）

在了解如何取得平均成本圖表的同時，另一方面，也必須學習相關圖表之間的關聯。接下來讓我們來思考平均固定成本、平均變動成本以及邊際成本之間的相互關係。

平均固定成本（AFC）與平均變動成本（AVC）

平均成本由固定成本與變動成本所構成，因此，其各別圖表使用了「平均」的概念，使圖表能夠重新配置。

平均固定成本（AFC）

將平均成本（AC）分解為平均固定成本（AFC）與平均變動成本（AVC），並做成圖表。跟隨兩個斜率由原點起始的圖表。首先固定成本為橫軸的水平線，當產量（Q）增加時，斜率就會縮小，因此，平均固定成本（AFC）就會呈現右下圖的圖型。

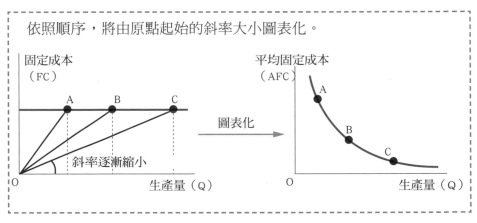

依照順序，將由原點起始的斜率大小圖表化。

※斜率表示平均固定成本＝每1個產量的固定成本，我們可以了解到隨產量增加，平均固定成本會減少。

平均變動成本（AVC）

由於變動成本（VC）與總成本曲線（TC）形狀相同的關係，把斜率圖表化的平均變動成本曲線也會呈現出碗型。

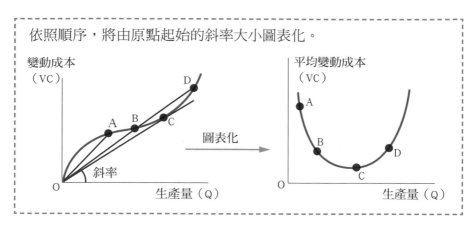

依照順序，將由原點起始的斜率大小圖表化。

※平均變動成本（每1單位的變動成本），在某個水準前會降低，而在之後則逐漸上升。

邊際成本（MC）平均成本（AC）的圖表

在個體經濟學當中，是將平均變動成本（AVC）、平均成本（AC）、邊際成本（MC）3個圖表合併進行分析。無論是邊際成本曲線、平均成本曲線或平均變動成本曲線，光看它們的形狀都是呈現出下列相同的形態。

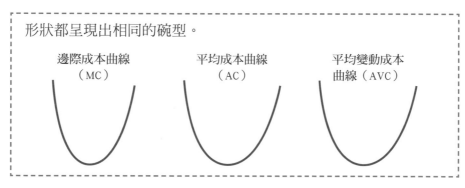

形狀都呈現出相同的碗型。

當我們重新確認所謂「平均」的思考方式，平均成本與平均變動成本都是由原點起始的斜率，但將它縮得更小時就會呈現如下圖A點一般與切線斜率相同的點。

也就是說，這意味著切線斜率會等於邊際成本。而由原點起始的平均成本曲線或平均變動成本的最低點也會與邊際成本曲線一致，因此同時繪製3張圖表的時候，就會呈現出下列情況。

在經濟學的題目當中，有平均變動成本、平均成本、邊際成本3種圖表合併出題的情況，但在開始畫圖時有幾個需要注意的點。

邊際成本曲線（MC）會穿過平均成本（AC）與平均變動成本（AVC）的最低點。（由於最低點的邊際成本一致）。

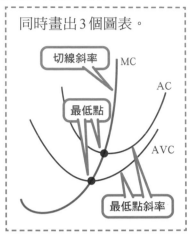

同時畫出3個圖表。

平均固定成本（AFC）落在平均成本（AC）與平均變動成本（AVC）之間，並不會特地以圖表顯示（視考題而定，也會有顯示的情形）。

由於不能使用邊際成本的左側，因此通常會被省略。

3 平均成本與面積的分析

透過使用前面說明過的所謂「平均」概念的分析工具，可將生產者的成本架構視覺化變得更加明確。

順序1

讀取圖表的順序 ⟶ 將收入劃分為成本與利潤

最初只顯示收入與成本的面積。

①將橫軸設定為產量，將平均變動成本、平均成本（AC）、邊際成本（MC）3個圖合併成1個圖。設定現在價格為 P_1。需要進一步畫出邊際收益曲線（MC），但因為邊際成本（MR）為1個的價格，在價格上畫出水平線。也就是說以價格＝邊際收益（MR）並因應價格的變化。現在的價格為 P_1。

②生產者在邊際成本（MC）＝價格（＝邊際收益MR）的E點上，決定利潤最大的生產量。

③對此時的生產者而言，總收入為每1個的價格（P_1）生產量（Q^*），因此形成了AOQ*E的四角形。

④了解總收入後，從E點（最大利益平衡點）開始拉出一條垂直虛線並
　與平均成本曲線（AC）交會的F點上方為利潤，F點下方的四角形
　BOQ*F為成本。

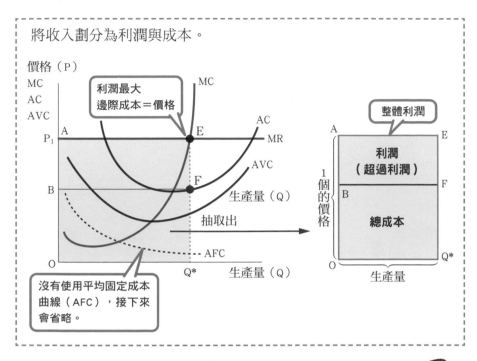

將收入劃分為利潤與成本。

價格（P）

利潤最大
邊際成本＝價格

整體利潤

沒有使用平均固定成本
曲線（AFC），接下來
會省略。

　　　由於縱軸的高度為「每1個～」
的收入或成本，橫軸的長度為產量
（數量），以高度與長度相乘後的面
積，即可求得總收入或總成本。

原來如此，圖表是曲線
圖，但是可以以此取得
利潤與成本。

順序2

讀取圖表的順序 ➡ 使用平均變動成本（AVC）分析

　　　接下來，依照下一頁的圖表將總成本劃分為變動成本與固定成本。
平均成本（AC）為每件價格（高度EQ*）之中FQ*的高度，這當中平
均變動成本（AVC）的高度以GQ*來表現，它們之間的差FG，就是每
1件的平均固定成本（AFC）。將這個高度乘以橫軸的產量後，就能各
別呈現出變動成本與固定成本。

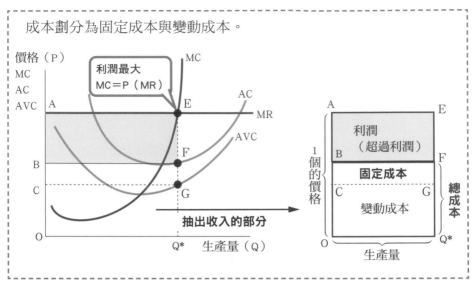

成本劃分為固定成本與變動成本。

平均成本（AC）與平均變動成本（AVC）間的空隙為固定成本（FC），但這個空隙的高度（平均固定成本AFC）會漸漸收窄。

沒有畫出平均固定成本的圖表呢。

平均成本與平均變動成本圖表的中間區塊為固定成本，一般是以間接方式來表達。

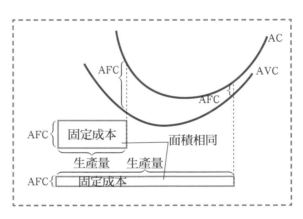

　　因為固定成本與產量無關，總是保持著一定的面積，隨著產量增加時，它的高度開始降低。這意味著每件成本當中所包含的固定成本（平均固定成本）逐漸地減少了。

4 損益兩平點的圖表

當某產品產生利潤時，在競爭市場上就會出現其他覬覦利潤的生產者也製造相同的產品，因此造成產量增加價格下跌的情況。當然，因市場的力量使價格下跌時，就需要調整產量使它與邊際成本一致。

如下圖，當價格下跌到 P_2，每件的收入（價格）就會與每件的成本（平均成本）一致。

當價格由 P_1 跌到 P_2 的例子

由於在這個水平中，利潤為零時的 E_2 稱為**損益兩平點**，此時的價格 P_2 就稱為**損益兩平點價格**。

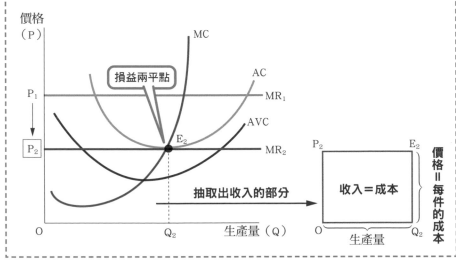

經濟學的情況中，由於成本之中也包括了機會成本，在損益兩平點之下進行生產，即便超額利潤為零，我們認為實際上還是會產生正常的利潤。

Key Point

損益兩平點為

價格（P）＝平均成本（AC）＝邊際成本（MC）成立之時。

經常出現求出損益兩平點的產量或損益兩平點價格的題目。

　　某企業在完全競爭市場中生產並銷售產品，該企業的總成本曲線以

　　TC＝2Q³－20Q²＋80Q²（TC：總成本、Q：產量）來表示。而這間企業的損益兩平點產量是多少呢？

1. 2　　**2.** 3　　**3.** 4　　**4.** 5

（地方上級　改題）

【解說】

　　在此將介紹2種解題方式。若能理解圖表就能在瞬間解答出來。

解法－1　以聯立方程式來解題的方式

　　由於總成本曲線：$2Q^3-20Q^2+80Q$，接下來推算AC（平均成本）及MC（邊際成本）。

①邊際成本為將總成本（TC）以Q微分

$$MC（邊際成本）＝(TC)'＝2\times3\times Q^{3-1}-20\times2\times Q^{2-1}+80\times1\times Q^{1-1}$$
$$＝6Q^2-40Q+80$$

②平均成本（AC）為總成本（TC）除以生產量（Q）。

$$AC（平均成本）＝\frac{TC}{Q}＝2Q^2-20Q+80$$

損益兩平點為 $MC＝AC$

$$6Q^2-40Q+80＝2Q^2-20Q+80$$
$$4Q^2-20Q＝0$$
$$4Q（Q-5）＝0$$
$$Q＝5 \qquad 因此，\textbf{正確答案為4}。$$

解法－2　以圖表解題的方式

　　損益兩平點為平均成本曲線（AC）的最低點，斜率為0的位置。透過將AC以Q微分所計算出來。將平均成本（AC）＝$2Q^2-20Q+80$ 微分。

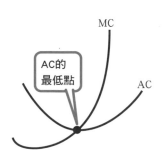

$$（AC）' = 2 \times 2 \times Q^{2-1} - 20 \times 1 \times Q^{1-1} + 80 \times 0 \times Q^{0-1}$$

$$= 4Q - 20$$

$$4Q - 20 = 0 \text{（使其為0）}$$

$$Q = 5$$

因此，**正確答案為4**。

AC

最低點的
斜率為0。

---

5 與固定成本之間的戰鬥

　　市場上產品被進一步大量生產，使市場上的供給量增加的話，市場的價格應該會更加下跌。接下來我們將探討生產者在價格跌至什麼樣的水平後會決定中止生產。

情況1 當價格低於損益平衡點

　　下面是使用面積來思考價格低於損益兩平點時的情況。例如，在P_3的價格下將無法獲得利潤。

　　然而，若在此時就中止生產並不妥當，說明如下。

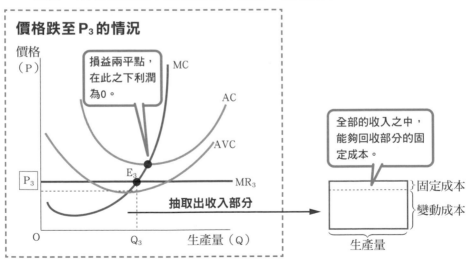

價格跌至P_3的情況

價格（P）

損益兩平點，在此之下利潤為0。

MC

AC

AVC

E_3

P_3

MR₃

抽取出收入部分

全部的收入之中，能夠回收部分的固定成本。

固定成本

變動成本

O　　　Q_3　　生產量（Q）

生產量

　　原因是在P_3價格就中止生產的話，在這個時間點所花費的固定成本就必須被全額認列為損失。由於固定成本是即使產量為0時也需要支出的費用，只要能夠回收一部分，持續生產應該就能使損失減少。

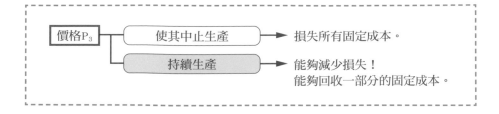

価格P₃ ── 使其中止生産 ──→ 損失所有固定成本。
  └── 持續生產 ──→ 能夠減少損失！
                   能夠回收一部分的固定成本。

情況2 到達營業停止（企業關閉）點

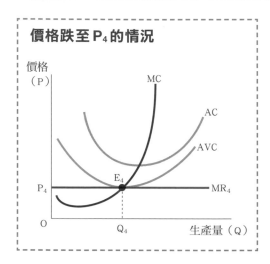

價格跌至 P₄ 的情況

但是，若如同左圖一般價格下跌至P₄時就會連變動成本都無法回收，換句話說這就是愈生產愈賠本的情況。因此，停止生產會是比較理想的做法。而這個價格＝每件變動成本的水平稱為**營業停止點**。

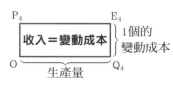

收入＝變動成本

若在像這樣無法回收固定成本的情況之下，生產者就不得不停止生產，因此生產者傾全力刪減固定成本，或是必須放棄沒有利潤的產品，專注於生產成長性高的產品。

像薪資、租金、保險費、設備或汽車、電信費等，固定成本還真不少呢！

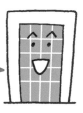

隨著消費者的需求愈來愈多元化，經濟也存在無法預估的情況。一但景氣惡化時，固定成本就會立即成為重擔。

Key Point

營業停止點在

　　價格（P）＝平均變動成本（AVC）＝邊際成本（MC）

時成立。

※ 營業停止點為 Shut-down point 的譯文，也譯作「企業關閉點」等其他名稱。

求算營業停止點的產量或營業停止點的價格的題目是熱門考題。

另一方面，若價格高於這個營業停止點時就會持續生產，而對應這個在營業停止點上方價格的邊際成本曲線則以供給曲線（短期）來呈現。

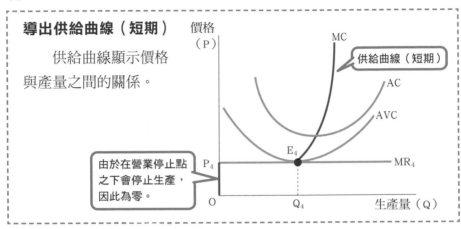

導出供給曲線（短期）

供給曲線顯示價格與產量之間的關係。

供給曲線（短期）

由於在營業停止點之下會停止生產，因此為零。

Key Point

供給曲線（短期）成立條件為 $P \geq AVC$。

原來供給曲線就是邊際成本曲線。

復習題

生產 X 產品的某企業的總成本函數表示為

$$TC = 2X^3 - 16X^2 + 40X + 100 \quad （X：產量）$$

該企業的短期營業停止點的價格是多少呢。

1. 8 **2.** 12 **3.** 16 **4.** 20

（地方上級　改題）

【解説】

此題也有聯立方程式解法及以微分使其為零（瞬間解題）的解題法。

解法-1　使用聯立方程式解題的方法

① 從題目中的總成本（TC）來求算出平均變動成本（AVC）。

$$TC（總成本）= \underbrace{2X^3-16X^2+40X}_{\text{變動成本（VC）}} + \underbrace{100}_{\text{固定成本（FC）}}$$

變動成本（VC）
與產量（X）互相依附增加的費用。
變動成本＝$2X^3-16X^2+40X$

固定成本（FC）
由於與產量（X）沒有互相依附，與生產無關，因此被判斷為固定成本。

先求平均變動成本（AVC）。由於它是「每項的變動成本」，所以透過變動成本（VC）除以產量（X）來計算出結果。

$$平均變動成本（AVC）= \frac{VC}{X} = 2X^2-16X+40$$

② 營業停止點為邊際成本（MC）＝平均變動成本（AVC）。

因此，必須將題目中的總成本（TC）微分後求算出邊際成本（MC）。將TC（總成本）＝$2X^3-16X^2+40X+100$ 微分。

$$\begin{aligned} MC（邊際成本）&=（TC）' \\ &=2\times3\times X^{3-1}-16\times2\times X^{2-1}+40\times1\times X^{1-1}+100\times0\times X^{0-1} \\ &=6X^2-32X+40 \end{aligned}$$

③ 從①、②來建立方程式

$$2X^2-16X+40=6X^2-32X+40$$
$$4X^2-16X=0$$
$$4X（X-4）=0$$

因此，產量（X）為4。

④ 由產量來計算營業停止點的價格。

營業停止點為價格（P）＝邊際成本（MC）＝平均變動成本（AVC），因此將產量（X）的4設定為邊際成本，或是將平均變動成本代入。

平均變動成本（AVC）代入後，$2\times4\times4-16\times4+40=8$

因此，**正確答案為1**。

因為營業停止點為 AVC 的最低點，將 AVC 以 X 微分使其為 0。

平均變動成本（AVC）＝2X²－16X＋40

（AVC）′＝2×2×X²⁻¹－16×1×X¹⁻¹＋40×0×X⁰⁻¹

　　　　　＝4X－16

4X－16＝0（最低點的斜率為 0）

X＝4

產量（X）為 4。

將產量（X）的 4 代入平均變動成本（AVC）或是邊際成本（MC），即求出營業停止點價格為 8。

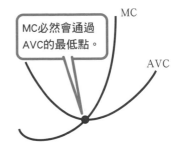

MC必然會通過 AVC的最低點。

第 3 章　經濟理論

複習題

在競爭市場中某生產者的邊際成本（MC）、平均成本（AC）、平均變動成本（AVC）、平均固定成本（AFC）如圖所示。圖中的 A、B 當中填入何種數值較為適當。

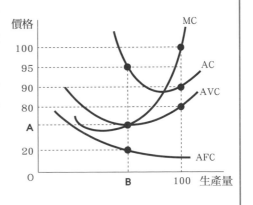

	A	B
1.	65	40
2.	65	45
3.	75	45
4.	75	50

（地方上級　改題）

【解説】

解題順序

① 這個問題關於平均成本（AC）與平均變動成本（AVC）之間的平均固定成本（AFC），並且同樣將它圖表化。平均固定成本的高度表示每1件的固定成本。由於是特地將它製成圖表，而本題的訣竅是由固定成本來解題。

② 首先，先求出A。由於平均成本（AC）為平均固定成本（AFC）與平均變動成本（AVC）的合計。AC與AVC高度的差表示平均固定成本。因此，由B點垂直往上劃出線後，95－A＝平均固定成本，顯示其水平僅有20。A＝95－20＝75，這個75為A的平均變動成本（AVC）。

③ 接下來計算B的部分。由於固定成本為固定不變，產量100的垂直向上的位置為AC－AVC的差為平均固定成本，所以乘以產量的話就會成為固定成本。也就是說（90－80）×100＝1,000，因此可以判定固定成本為1,000（固定不變）。

接下來，令它與在產量B的固定成本一致。由20×B＝1,000，可以算出B＝50。由此可得**正確答案為4**。

Key Point

從圖表中可以看到平均固定成本（AFC）為平均成本（AC）與平均變動成本（AVC）之間的高度差。

另外，將平均固定成本（AFC）乘以產量所計算出來的是固定成本，但是固定成本與產量無關，是固定不變的。

Unit 15

個體經濟學最要緊的關鍵

消費者如何決定
效用最大的消費量

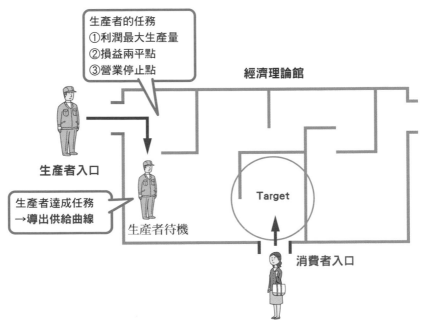

生產者的任務
①利潤最大生產量
②損益兩平點
③營業停止點

經濟理論館

生產者入口

生產者達成任務
→導出供給曲線

生產者待機

Target

消費者入口

Destination

路線

要買多少數量才能
更滿足呢？

公式
圖表
→ 應用到
經濟理論
→ 消費者行動

　　在本單元當中，將各別分析消費者如何決定消費（購買）。而消費者分析的最終目標為導出需求曲線。

　　首先，在開頭必須事先說明，雖然是消費，但還是意味著可使用的

範圍經常受到限制。有些是荷包裡的銀兩或來自父母的援助、自己賺來的錢等等，在此範圍當中如何購買產品（物品）能使滿足感提高，利用這些略微迂迴的方式，來進行經濟學的思考。若使用稍微困難一些的經濟學用語則稱為「消費者行動當中**效益最大化行動**」。

所謂消費量，是指購買多少個的意思。只是用較困難的說法表示。

原來滿足的程度被稱為效用，是經濟學獨特的說法。

將「消費物品（購物）」這個日常生活當中理所當然的行為以經濟學的思維來進行分析。與日常生活用語並列書寫如下。

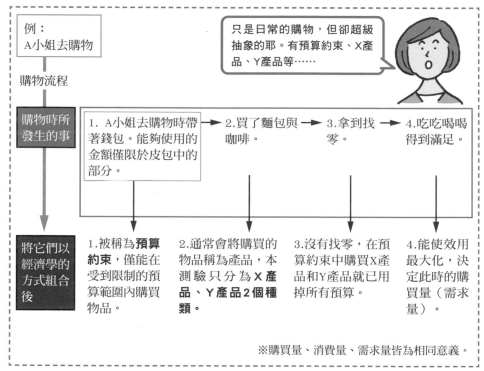

例：
A小姐去購物

只是日常的購物，但卻超級抽象的耶。有預算約束、X產品、Y產品等……

購物流程

| 購物時所發生的事 | 1. A小姐去購物時帶著錢包。能夠使用的金額僅限於皮包中的部分。 | 2.買了麵包與咖啡。 | 3.拿到找零。 | 4.吃吃喝喝得到滿足。 |

| 將它們以經濟學的方式組合後 | 1.被稱為**預算約束**，僅能在受到限制的預算範圍內購買物品。 | 2.通常會將購買的物品稱為產品，本測驗只分為 **X產品、Y產品2個種類**。 | 3.沒有找零，在預算約束中購買X產品和Y產品就已用掉所有預算。 | 4.能使效用最大化，決定此時的購買量（需求量）。 |

※購買量、消費量、需求量皆為相同意義。

我明白效益就是滿足度的意思了，太好了！
這樣也能以數值來表達嗎？

將效用（滿足度的程度）以數值來表達是困難的，但是個體經濟學當中，並不是使用以數值為前提的基數效用，雖然無法以數值來表達，但是**可以用排列順序的序數效用**為前提來進行討論。所謂排列順序，例如某消費者比起橘子更加喜歡蘋果，或是品嘗第 1 杯咖啡獲得很高的滿足感，但是到了第 2 杯時這種滿足感就不那麼高了，都是指可以比較的事物。

1 預算約束（荷包當中＝可用金額）

首先，將皮包當中能使用於消費範圍的金額，以公式來表達**預算約束**，進入圖表化作業。以消費者購入 2 種商品為條件來思考下列的例子。

例

A 君帶著 600 日圓來到迴轉壽司店，買了 2 盤 150 日圓（含稅）的鮪魚及 3 盤 100 日圓的花枝（含稅）。請將這筆支出以算式來表達。

錢包當中的金額為預算範圍，將它在各別的產品上使用完畢。（經濟學的題目中不會產生找零，會在預算範圍內全數使用完畢。）

錢包裡的金額

這樣的概念　預算　　鮪魚　　2盤　花枝　　3盤

支出金額明細：600 日圓 ＝ 150 日圓 × 2 ＋ 100 日圓 × 3

流程 1　計算出預算約束公式

將在迴轉壽司店的支出明細轉變為經濟學所使用僅有文字的公式。想像預算為 M，鮪魚為 X 產品，花枝為 Y 產品，完成預算約束公式。

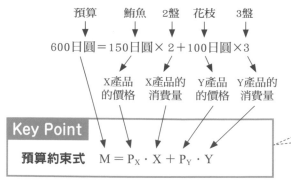

首先將鮪魚及花枝這些具體的名稱，替換為X產品及Y產品這種抽象的名詞。

文字的意義為
預算：M
1個X產品的價格：P_X
X產品的消費量：X
1個Y產品的價格：P_Y
Y產品的消費量：Y

Key Point

預算約束式 $M = P_X \cdot X + P_Y \cdot Y$

使它轉變成有經濟學的感覺。

P這個代號是使用英文單字Price的字首，如同下方的X表示了X產品的價格。另外，預算約束公式中的·（中黑點）為（乘號）的意思。

所謂X產品，是指售價為P_X，購買量為X個。在此我們省略掉幾日圓或幾個的單位，單純以價格為P_X，購買量為X的文字來表示，因為還不習慣的關係也許會感到有點不自然。

錢全花在2種類的產品上了呢。

流程2 畫出預算約束的圖表

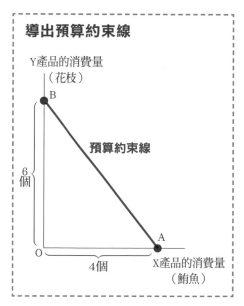

導出預算約束線

Y產品的消費量（花枝）

B

預算約束線

6個

O 4個 A

X產品的消費量（鮪魚）

接下來我們將這個公式圖表化並導出預算約束線。

首先把持有的預算全拿去購買X產品（鮪魚）的情況下為600÷150日圓＝4個，標示為A點。

另外，只購買Y產品（花枝）的情況下為600÷100日圓＝6個，標示為B點。而連結A點與B點的線就是**預算約束線**。

錢包裡的錢變成一個圖表了。

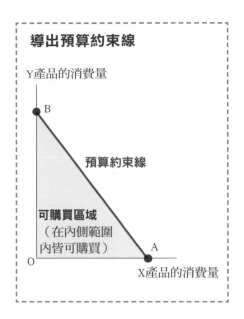

導出預算約束線

Y產品的消費量

B

預算約束線

可購買區域
（在內側範圍
內皆可購買）

O

X產品的消費量

A

在個體經濟學當中，不只是1個、2個的購買量，還能夠細分為1.3個或4.68個的購買量，所以除了A點和B點的連結線上，預算約束線內側的任一個組合都會是**可以購買的部分**（被稱為**可購買區域**）。

此外，由於在個體經濟學當中產品是可分割的，故另一方面來說就是不會有找零的情況。因此若要以沒有剩餘的方式使用預算，**在線上的購買量**才是能購買最多最有效率的數量。

第3章

經濟理論

在個體經濟學中可以購買0.01個產品耶！

流程3　算出預算約束線的斜率

身為經濟學當中重要的作業項目，一旦導出圖表後，就必須開始思考它的「斜率」。跟著下列的作業流程來求出預算約束線的「斜率」。

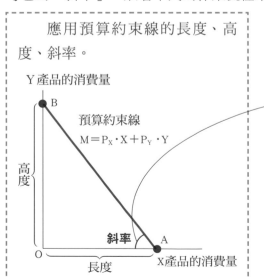

應用預算約束線的長度、高度、斜率。

Y產品的消費量

B

預算約束線

$M = P_X \cdot X + P_Y \cdot Y$

高度

斜率

O

長度

A

X產品的消費量

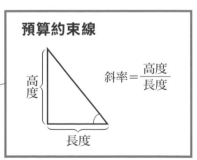

預算約束線

高度

$斜率 = \dfrac{高度}{長度}$

長度

若使用**茂木式攻略三角形**，可以透過長度與高度求出斜率，所以由預算約束線來計算出長度與高度。

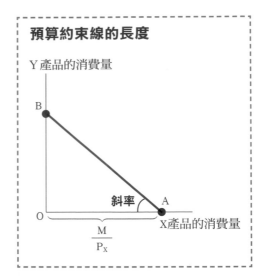

預算約束線的長度

步驟-1　算出長度

　　首先，為了算出「長度」，先將預算約束線整理一下。在右圖中的長度為原點的0開始到A點的距離。而所謂將X產品消費到A點為止，是指完全沒有消費Y產品，將所有的預算都用在X產品上。

　　因此，求出到A點為止的長度就要在預算約束公式裡代入Y＝0。

　　然後就整理出下列的預算約束公式。

$$P_X \cdot X + P_Y \cdot 0 = M \quad \cdots ①$$

①當中的$P_Y \cdot 0$為P_Y乘以0會消除掉，所以公式①為成為下列的公式②。

$$P_X \cdot X = M \quad \cdots ②$$

將此公式②的長度，用X＝～的形式替換並將兩邊除以P_X。

$$X = \frac{M}{P_X} \quad \cdots ③ \quad 這即是到A點為止的長度。$$

步驟-2　計算出高度

　　運用同樣的方式，這回我們來計算「高度」。高度為原點的0開始到B點的距離。所謂在B點的消費，是指完全沒有消費X產品，將所有的預算都用在Y產品上。

　　因此，在預算約束公式裡代入X＝0。

　　接著，就整理出下列的預算約束公式。

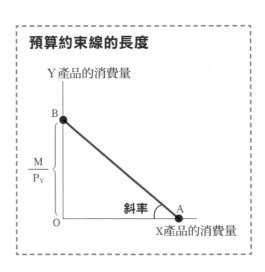

預算約束線的長度

$$P_X \cdot 0 + P_Y \cdot Y = M \quad \cdots ④$$

當中的 $P_X \cdot 0$ 為 P_X 乘以 0 會消除掉，所以會為成為下列的公式⑤。

$$P_Y \cdot Y = M \quad \cdots ⑤$$

由於 B 點為為 Y 的高度，以 Y＝～的形式替換並將兩邊除以 P_Y。

$$Y = \frac{M}{P_Y} \quad \cdots ⑥ \quad 這就是到 B 點的高度。$$

步驟-3　求出斜率

應用前面的步驟當中計算出③與⑥的公式來求出計算斜率的公式，更進一步整理如下：

$$斜率 = \frac{高度}{長度} = \frac{至 B 點的高度}{至 A 點的長度}$$

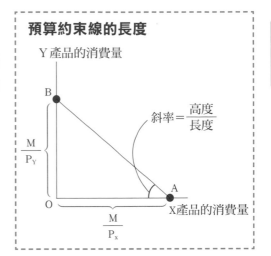

預算約束線的長度

換成除法形式

$$= \frac{\frac{M}{P_Y}}{\frac{M}{P_X}} = \frac{M}{P_Y} \div \frac{M}{P_X}$$

$$= \frac{M}{P_Y} \times \frac{P_X}{M} = \frac{\cancel{M}}{P_Y} \times \frac{P_X}{\cancel{M}} = \frac{P_X}{P_Y}$$

將分數的除法倒轉成乘法

消去 M

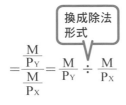

令人懷念的分數計算。

Key Point

$$預算約束線的斜率 = \frac{X 產品的價格（P_X）}{Y 產品的價格（P_Y）} = 產品的\textbf{價格比}$$

分數所表示的不是稱為「價格的分數」而是以「價格**比**」來稱呼。

儘管圖表的斜率是「長度」與「高度」的數量的比，但是在預算約束上等於各產品的價格比。

「斜率」在經濟學當中果然很重要。

2 將滿足度圖表化

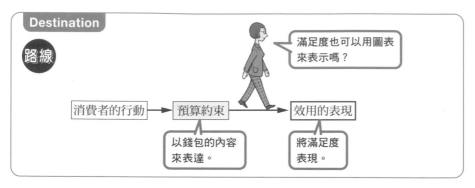

路線

Destination

滿足度也可以用圖表來表示嗎？

消費者的行動 → 預算約束 → 效用的表現

以錢包的內容來表達。

將滿足度表現。

接下來我們將說明如何表達透過消費產品所得到的效用（滿足的程度）。

思維模式1　1個種類產品（X產品）的消費量與效用水準的關係

為了能表示出消費某個產品能夠獲得多少的效用，我們準備了縱軸為效用水準，橫軸為X產品消費量的圖表。

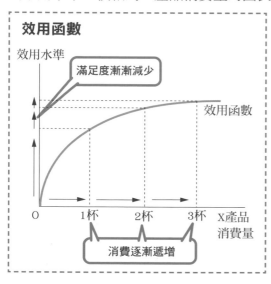

效用函數

效用水準

滿足度漸漸減少

效用函數

O　1杯　2杯　3杯　X產品消費量

消費逐漸遞增

例如，超級熱愛啤酒的人，在盛夏酷熱之際暢飲的第1杯啤酒應該會覺得美味至極（＝高滿足度），但是接下來繼續喝卻再也得不到跟第1杯相同的滿足度，即使再追加消費第2杯、第3杯，它的滿足度卻會逐漸遞減。總而言之，我們認為顯示消費數量與效用的效用函數會呈現出如左圖的型態。

思維模式2　2個種類產品的消費量與效用水準的關係

在思維模式1當中描繪出僅消費1種產品的效用函數，但在消費者

行為上有假定消費 2 種產品的情況，接下來我們來看看 X 產品、Y 產品的消費量與效用水準間的關係。

第3章

經濟理論

步驟-1　準備 3D 圖表

首先，準備 X 產品與 Y 產品的效用函數。（例如設定 X 產品為啤酒，Y 產品為毛豆應該可以吧。）

準備各別的效用函數

效用水準

X 產品的效用函數

> 啤酒的消費量與效用水準的關係

O　　　　　　X 產品的消費量

效用水準

Y 產品的效用函數

> 啤酒以外的產品，例如毛豆，效用函數會呈現相同形態

O　　　　　Y 產品的消費量

結合

製作 2 種產品的效用函數時，立方體的角設定為原點，準備了有高度、縱軸、橫軸的 3D 圖表。高度為效用水準，橫軸為 X 產品的消費量，縱軸為 Y 產品的消費量。

效用水準

> 畫在這裡

Y 產品的消費量

X 產品的消費量

O

※從後面來看的樣子。

步驟-2　2 種產品的效用函數

由於是同時消費 2 種產品的關係，從縱、橫各別的側面所看到的形狀與 1 種產品情況下的效用函數呈現出相同型態。也就是說，2 個種類的產品會有各種各樣的購買組合，所以顯示出 3D 的曲面。

請想像一下，從 X 產品的斜對角方向看過去，剛好就像一個連帽 T 的帽子形狀。

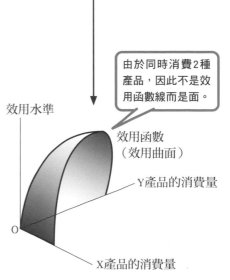

> 由於同時消費 2 種產品，因此不是效用函數線而是面。

效用水準

效用函數（效用曲面）

Y 產品的消費量

O

X 產品的消費量

接下來面對效用曲面，找出某個高度定位後將它切成圓形片（水平切割）。如左下圖，在切口上定出A點、B點、C點。

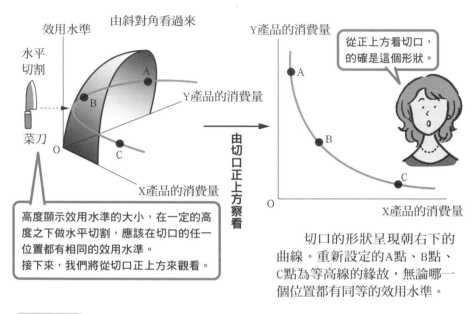

由斜對角看過來

效用水準

水平切割

菜刀

O

A

B

C

Y產品的消費量

X產品的消費量

高度顯示效用水準的大小，在一定的高度之下做水平切割，應該在切口的任一位置都有相同的效用水準。
接下來，我們將從切口正上方來觀看。

由切口正上方察看

Y產品的消費量

從正上方看切口，的確是這個形狀。

A

B

C

O

X產品的消費量

切口的形狀呈現朝右下的曲線。重新設定的A點、B點、C點為等高線的緣故，無論哪一個位置都有同等的效用水準。

Y產品的消費量

6 ‥ A

無異曲線

4 ‥ B

C

O　1　4　X產品的消費量

在A點、B點、C點的X產品和Y產品的消費量組合都不相同（例如，B點是指X產品4個、Y產品4個的情況，A點是指X產品1個、Y產品6個的情況）。但因為只要在線上，效用都是一致的，所以即使組合不同滿足度還是一樣的。這就是所謂的「無差異」，而這個曲線則稱為無異曲線。

無異，就是指全部都一樣，哪一種都好的意思。

如果把這個效用函數（效用曲面）在效用水準高的水準上切割的話，從正上方看下去的時候，在較右上的位置就可以畫出無異曲線。這表示了無異曲線**離原點愈遠**的位置效用水準較高。

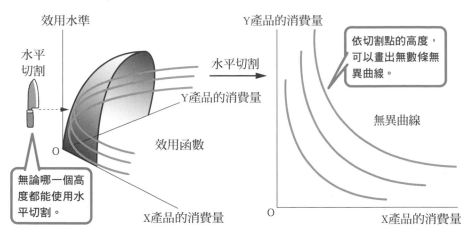

關於無異曲線的性質，整理歸納如下。

Key Point

①朝右下方向。
②面向原點的凸形。
③離原點愈遠效用水準愈高。
④不會交叉。

猛然一看，①與②有十分相似的判斷結果，但①是即使X產品減少，只要Y產品增加需求量的話就能得到相同的效用，因此曲線朝右下，②的部分將在下面說明，因為邊際替代率的遞減因而形成凸形（接下來進行說明）。

3　無異曲線的斜率（邊際替代率）

接下來我們將說明關於無異曲線的斜率。無異曲線的斜率被稱為**邊際替代率**。如同我們使用替代一詞般，是指必須「取代」的部分，表示了**X產品與Y產品的交換比例**。

換句話說，邊際替代率是指為了保有相同的效用水準，表示每增加1個X產品就必須減少相當的Y產品。

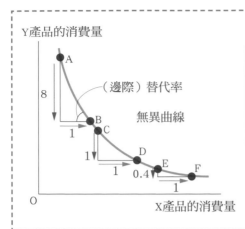

Y產品的消費量

A

8

（邊際）替代率

無異曲線

B

1

C

1

1

D

1

E

0.4

F

1

O

X產品的消費量

交換的情況

A點到B點→由於增加1個X產品所以減少8個Y產品

C點到D點→由於增加1個X產品所以減少1個Y產品

E點到F點→由於增加1個X產品所以減少0.4個Y產品

為了保有相同的效用水準，交換比率並非固定不變。

雖然在A點上，為了1個X產品犧牲了8個Y產品，但為了得到一個相同的X產品，必須要交換的Y產品的交換量，在C點為1個，E點為0.4個就足夠。這是因為隨著X產品的增加使其稀少性跟著減少。

所謂稀少性，舉個具體的例子來說，就像鑽石之所以高價是因為它的數量稀少，而水之所以廉價是因為它大量存在，所以當數量愈多，價值應該就愈低。有點極限理論的感覺，但像這樣無異曲線斜率的邊際替代率（2種產品的替換比率＝斜率），隨著某一邊的產品增加，接下來會逐漸減少的情況稱為**邊際替代率遞減法則**。

若X產品變多，價值就會下跌，交換比例也會變得愈來愈小了！

在世界上大量存在？或是只有很稀少的數量？這也是決定價值的重要因素。

最後，我們用數學公式來表現代表無異曲線斜率的邊際替代率。邊際替代率為在各產品變化的量 $\frac{\Delta Y}{\Delta X}$ 加上負號。而加上負號，是為了將邊際替代率以正數來表示。

在下列圖表中X產品變化的量為 $\Delta X = 1$，Y產品變化的量為 $\Delta Y = -2$ 的情況下，透過加上負號將它以2的正數來表示邊際替代率。

再與三角形合併確認「斜率」。

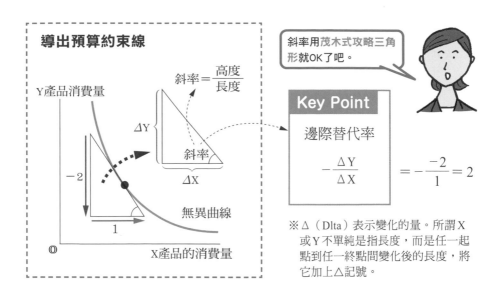

複習題

關於 X 產品及 Y 這 2 種產品的無異曲線哪一項較為妥當。

1. 無異曲線是朝右下的斜線，這是因為伴隨 X 產品的消費量減少，為了維持一定的效用水平，所以 Y 產品的消費量也跟著減少。

2. 在無異曲線上，愈左下方的位置表示效用水準愈高。

3. 2 條無異曲線通常不會相交會，但是當 X 產品或 Y 產品任一是特殊案例的產品時，也可能會有交會的情況。

4. 無異曲線通常是面向原點的凸出形狀，這是邊際替代率遞減法則成立的表示。

（地方上級　改題）

【解説】

1. ×　朝右下的原因是，透過 X 產品的消費量減少，就會使 Y 產品的消費量增加，因為必須保有一定的效用水準。

2. ×　無異曲線上離原點愈遠代表效用愈高。

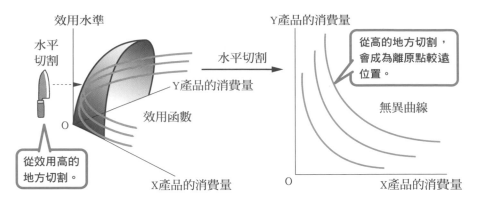

3. × 無論哪種產品無異曲線並不會交錯。

4. ○ 由於無異曲線為面對原點凸起的形狀，因此邊際替代率遞減，邊際替代率遞減的法則成立。

因此，**答案為4**。

若知道無異曲線是經由什麼樣的路線導出來的，就能夠輕鬆解答這個問題。

4 決定最適當的消費量

接下來運用目前所學的工具，求出效用最大的消費量。

步驟 1   找出最適當的消費點

由於預算約束線與無異曲線都備齊了，使用這些工具來決定能使效用最大的消費量。

首先，準備一個合適的無異曲線圖。由於無異曲線能夠畫很多條，我們在下圖隨機準備了一些，並且來思考哪一條線是最適當的狀態呢？哪裡是最適當的消費點呢？

①在無異曲線U_3時，應該選擇效用最高水準的K點為最適當消費點。但是這條無異曲線U_3落在預算約束線外的關係而無法選擇。

②在無異曲線U_1時，雖然有J點這個最適當消費點可以購買商品，但是因為要把預算全數使用完畢才達到效率，所以應該要選位置比U_1更高的無異曲線。

③經歷上列過程後，最後我們選出了無異曲線U_2，在預算約束的範圍內，離原點最遠的最佳消費點E點達到均衡。

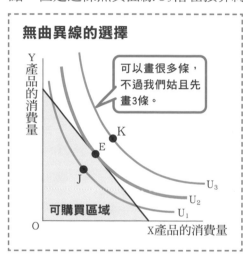

無曲異線的選擇

可以畫很多條，不過我們姑且先畫3條。

Y產品的消費量

K

E

J

可購買區域

U_3
U_2
U_1

O   X產品的消費量

※無異曲線以U（Use、Utility）做為表示代號。

步驟 2   效用最大的均衡條件

最後，我們將說明如何指明由E來實現最佳消費點。這個均衡點，剛好是由預算約束線與無異曲線相接的一點，也就是說，可以解釋為預算約束線與無異曲線的「**斜率相等**」。

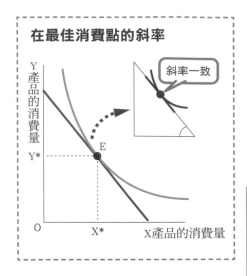

在最佳消費點的斜率

斜率一致

Y產品的消費量

Y*

O   X*   X產品的消費量

E

觀看左圖就可以得知，E點是唯一在2個圖表中斜率皆一致的位置，無異曲線的斜率所代表的是邊際替代率及預算約束線的斜率所代表的價格比一致的點為最佳消費點（均衡點）。

Key Point

效用最大消費量均衡式

無異曲線的斜率　　　預算約束線的斜率
（邊際替代率）　　　　（價格比）

$$-\frac{\Delta Y}{\Delta X} = \frac{P_X}{P_Y}$$

　　從效用最大的均衡式當中可得知，效用最大的消費量由X產品的消費量、Y產品的消費量來決定。

有點太抽象了，都忘記要算什麼了。

是關於A君去購物會買多少東西的論點，但在經濟學上的作業變得如此抽象。結論是X產買X*個，Y產品買Y*個。

　　在本單元中，出現了均衡條件或稱為均衡式的「均衡」等單字，在經濟學當中經常使用「均衡」這個單字。所謂均衡就如同文字一般「平衡」的意思，以現在所給予的條件為基礎，到達最終特定狀態後穩定地取得「平衡」的情況。但是，構成這個均衡點最初的預算或價格變更的話，為對應最新狀況也會變更為新的均衡點。

複習題

　　右圖所顯示的是某 X 產品的無異曲線 U 與預算線（朝右下的直線）下列的敘述中，有關於均衡點 E 的描述哪一個最為恰當。

1. E 點是 X 產品和 Y 產品的邊際效用最大的情況。

2. 在 E 點上，Y 產品對 X 產品的邊際替代率，與 X 產品與 Y 產品的價格比相等。

3. 無異曲線與預算線的接點 E，為邊際替代率=1。

4. 不只是 E 點，在無異曲線上任一點的邊際替代率都是一樣的。

（地方上級　改題）

【解説】

　　在最佳消費點上，邊際替代率與價格比是相等的。

　　因此，**正確答案為 2**。

政策負責人以什麼為基準來訂立政策呢？

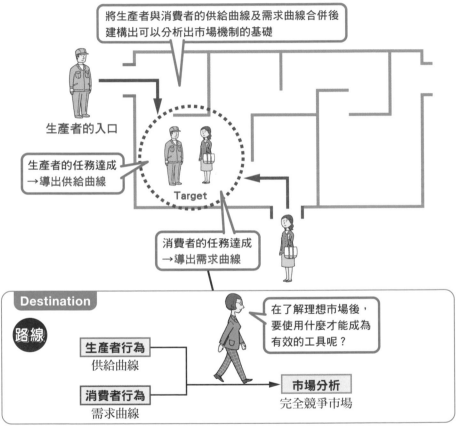

將生產者與消費者的供給曲線及需求曲線合併後建構出可以分析出市場機制的基礎

生產者的入口

生產者的任務達成
→導出供給曲線

Target

消費者的任務達成
→導出需求曲線

Destination

路線

在了解理想市場後，要使用什麼才能成為有效的工具呢？

生產者行為
供給曲線

消費者行為
需求曲線

市場分析
完全競爭市場

在正式說明Unit16之前，先把重要的前提做個簡單的重點整理。目前為止的單元所都是從消費者或生產者的行為去探討，是各自為了追求利潤最大化的私利、效用最大化的合理行動。特別是經濟學的參與者並不是為了建構出更美好的社會而行動，而是為了利己。依據經濟學之父**亞當斯密**的看法，消費者或生產者只會考量自己的利益而行動，供給與需求是自行調整而來，因此主張「**冥冥之中有隻看不見的手**」，使市

場的力量開始運作，價格的伸縮彈性受到控制，不知不覺中建構出一個理想的市場，這是在西元1776年發行的《國富論》當中所記載的。

冥冥之中有隻看不見的手？

　　總之，他認為利潤最大化、效用最大化這種追求私利的方式與為了能夠架構出理想社會有著表裡如一的關係。在本單元當中，我們將更加詳細地說明關於這個理想的市場。市場需求曲線和市場供給曲線是為了分析這個市場的必備工具，我將從它們的導出開始進行說明。

1　各別需求曲線・市場需求曲線的導出

　　首先我們使用在前一個單元當中所學習到的，由最佳消費點開始導出各別需求曲線。各別是指，A君的需求曲線、B君的需求曲線，這種特定消費者的需求曲線。

步驟 1　將「價格的變化」表現出來

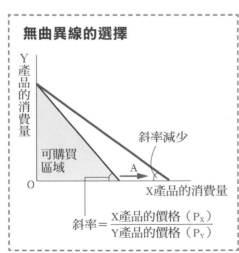

無曲異線的選擇

Y產品的消費量

斜率減少

可購買區域

A

X產品的消費量

$$斜率 = \frac{X產品的價格（P_X）}{Y產品的價格（P_Y）}$$

　　在消費者行動上，由市場決定的價格的變化，以預算約束線的「**斜率變化**」呈現出來。

　　預算約束線的斜率為價格比。也就是X產品的價格下跌時，由於分子變小，因此我們認為預算約束線會向右側移動（朝A箭號方向）。

$$斜率↓ = \frac{X產品的價格↓}{Y產品的價格}$$　下降

下降

價格的變化，可以用圖表斜率的變化來表示，真不可思議的感覺呢。

　　若X產品的價格下跌，X產品的購買量就會增加。這種情況在圖表上就會以斜率減少的方式表現，並將可購買的區域擴大。

步驟2　價格的下跌與價格的上漲

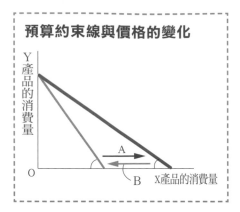

預算約束線與價格的變化

X產品價格下跌時會產生朝A方向的移動，反過來X產品價格上漲時，則會發生往B方向的移動。這是因為當X產品價格上漲時，價格比當中的分子上漲分數本身也放大的關係。

增加

上升

$$斜率\uparrow = \frac{X產品的價格\uparrow}{Y產品的價格}$$

X產品的價格上漲使X產品的購買量減少，而由於斜率增加及預算約束線向左移動，令可購買的區域縮小。

步驟3　變更最佳消費點

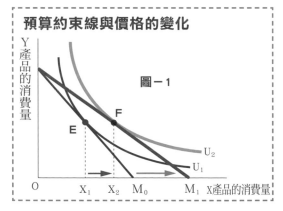

預算約束線與價格的變化

圖－1

圖-1 最佳消費點的變化

接下來將說明當價格產生變化時，最佳消費點會如何移動呢。（在此，我們以蘋果做為X產品來舉例）。

①$M_0 \longrightarrow M_1$

①當X產品價格下跌時，預算約束線從M_0移動到M_1（因為蘋果的價格下跌，可以買比以前更多的蘋果，這和預算增加有相同的意思）。

②$U_1 \longrightarrow U_2$

②由於可購買區域擴大的關係，可以選擇比之前位置更高的無異曲線U_2（蘋果的需求量增加了，因此滿足度也提高，效用水準也增加了）。

③ ●E $\longrightarrow$ ●F

③預算約束線與無異曲線相接的最佳消費點由E點移動至F點。

④ X₁ ⟶ X₂

④透過這條預算約束線的移動，可以確認X產品的消費量擴大了（有關X產品，為需求量由X₁增加到X₂。簡單來說就是蘋果的購買量增加了）！

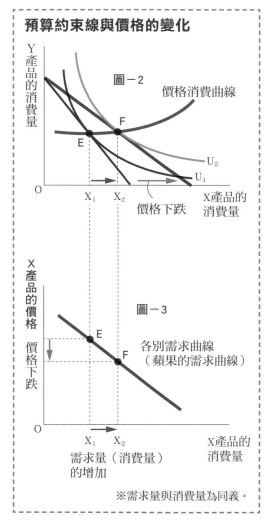

預算約束線與價格的變化

圖－2
價格消費曲線

圖-2　價格消費曲線

連結E點和F點的最佳消費點曲線稱為**價格消費曲線**。通常，價格消費曲線朝右向。這是由於當價格下跌時消費量增加而使「**需求法則**」成立。

需求法則

價格
下跌 ↓ ⟶ 需求量 ↑
　　　　　　增加

圖-3　導出各別需求曲線

最後，導出需求曲線。

如圖3，這次的圖表以縱軸為X產品的價格。表示價格下跌與需求量的關係時，可以畫出一條朝右下的需求曲線（某位消費者的蘋果需求曲線呈現朝右下的方向）。

當需求法則成立時，需求曲線會呈現朝右下方向。

※需求量與消費量為同義。

最開始學習到的需求曲線，竟然用如此迂迴的方法來呈現。

步驟4　市場需求曲線的導出

在進行市場全體分析時，將步驟3所導出的個人需求曲線提升為市場需求曲線。這是透過將參與市場的消費者需求曲線**水平加總**後所導出。

例如，有2個人參與蘋果的消費市場，假設他們是A君與B君。A君與B君都按照市場給予的價格來決定效用最大的需求量（假設市場價格為P_0）。

這邊的個人需求曲線因為每個人對蘋果選擇愛好的不同，而顯示出不同的斜率（若價格下跌時，蘋果的消費量增加多少，會產生個人的差異）。以市場價格為標準，以A君的需求量與B君的需求量水平加總後，導出**市場需求曲線**。

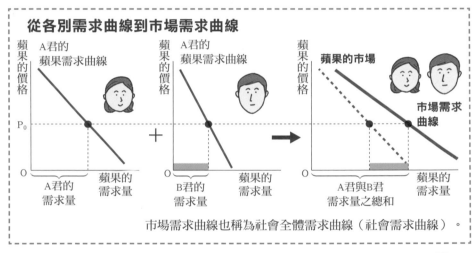

從各別需求曲線到市場需求曲線

市場需求曲線也稱為社會全體需求曲線（社會需求曲線）。

> 由於價格無法變動，以市場價格的水準橫向水平加總。

2　市場供給曲線

同樣的，有關市場全體的供給曲線（**市場供給曲線**），也是由Unit 14所導出的各別生產者的供給曲線（邊際成本曲線）水平加總而來。

在蘋果市場上只有生產者C公司和D公司，並且假設各生產者跟隨

市場所決定的價格 P_0 來決定最大利潤生產量。

將蘋果的生產者 C 公司及 D 公司的各別供給曲線，如下圖一般以水平加總後，即導出供給曲線。

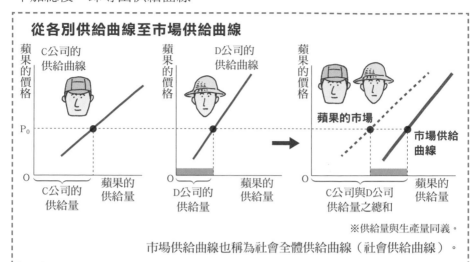

從各別供給曲線至市場供給曲線

C公司的供給曲線
蘋果的價格
P_0
O
C公司的供給量　蘋果的供給量

D公司的供給曲線
蘋果的價格
O
D公司的供給量　蘋果的供給量

蘋果的市場
蘋果的價格
市場供給曲線
O
C公司與D公司供給量之總和　蘋果的供給量

※供給量與生產量同義。

市場供給曲線也稱為社會全體供給曲線（社會供給曲線）。

3　完全競爭市場

　　將由消費者行為導出的市場需求曲線，及由生產者行為所導出的市場供給曲線合併成為 1 個圖。在此價格調節機制發揮作用，由市場的力量決定產品的價格。

　　這樣的狀況下，首先，在價格水準 P_1 時，會發生超額需求使價格上漲。

　　另外，價格水準在 P_2 時，則會發生超額供給使價格下跌。

　　透過這種價格機制使價格決定在 P_0 的位置。
（參照 Unit04。）

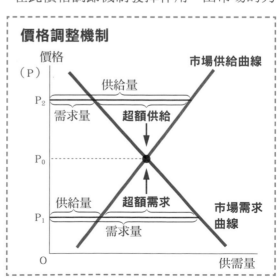

價格調整機制

價格
（P）
市場供給曲線
供給量
P_2
需求量
超額供給
P_0
供給量
超額需求
P_1
需求量
市場需求曲線
O
供需量

在應對市場問題時，通常若提到「需求曲線」、「供給曲線」時，會使用「市場需求曲線」、「市場供給曲線」來表示。總之是包括了所有的市場參與者。

像這樣當市場擁有決定價格的力量時，一般被稱為競爭市場，但是競爭市場又被分為2類。

首先其中1個稱為**完全競爭市場**，需要同時滿足下列4項條件。而目前為止本書的說明皆以滿足所有條件的完全競爭市場為前提。另外，在這4項條件中，只要有1項未滿足就被稱為**不完全競爭市場**。

完全競爭市場的四項條件

（1）Price Taker（受價者）

參與市場的消費者與生產者，以市場所決定的價格（為價格接受者，無法決定價格或是影響力極小）來行動。也以一物一價來表現。

（2）存在多數的需求者及供給者

市場上有多數的消費者與生產者存在，這些參與者能自由地參加及退出市場。例如，我們認為在產生超額利潤時若有生產者存在，在超額利潤消失前都會有新的企業參與其中。

（3）產品的同質性

在完全競爭市場上，我們認為在此被交易的產品全部皆為同性質。例如，即使是漢堡，但若調味稍許不同，就不屬於同質產品。為了使產品屬於同質，我們假設秋刀魚或工業產品中的螺絲等各別產品之間沒有差異性。

（4）情報的完整性

買方或賣方都充份了解訊息，買方總是能掌握便宜賣家的存在，並能夠立即前往購買。

能滿足完全競爭市場條件的市場是個體經濟學者的目標當中最有效率的市場。總之，需求和供給一致，沒有過與不及的問題，資源能被

妥善運用。在這樣的背景之下，政策負責人在進行施政考量時，會使該市場成為最**有規範**的理想市場，並實施能促使達成上述任一條件的競爭政策。

　　例如，讓我們來看看下面所舉的例子。

政策負責人

實施的政策
範例

加工食品

將材料標示義務化及向消費者提供資訊，與促進競爭相關聯。

工業製品

透過JIS規格等標準化、統一規格、確保替代性等，用來維持工業製品的公平性。符合條件當中的產品同質性。

面對面銷售

在銷售時，買賣雙方的資訊沒有差異，能提供正確的資訊，制定商業交易法令等。

航空或計程車

並非促進所有行業別之間的競爭，即使航空或計程車等運輸業進行相關規定的撤癈時，也必須為了確保安全而持續維持參與規則制定。

提供產地或原產國資訊標示材料等資訊，使消費者能安心購買物品。

依行業別，也會有為了促進競爭與提供安心、安全而做出讓步（一方達成的話，另一方則無法達成）的情況。

Key Point

　　在完全競爭市場上存在了多數的需求者（消費者）與供給者（生產者），並且由市場來決定價格（價格接受者Price taker）。該市場也滿足產品同質性及資訊的完整性的條件。為了能達成資源有效分配的最佳市場，而受到政策方針的規範。

在完全競爭市場上，下列哪一間企業最為適當。

1. 在有數間公司參與的網路電商，一邊參照其他店鋪價格，一邊調整自己產品售價高低的企業。
2. 如同銷售中古車般，提供賣方比買方清楚關於產品品質資訊的產品的企業。
3. 如同拉麵街，雖然同樣是拉麵但商品的品質有相異之處。
4. 如同生產標準規格垃圾袋的小規模製造商一般，不考慮對市場價格影響進行生產的企業。
5. 如同電力製造商，因為購買大型機械初期投資金額較大，但只要生產量多1個單位，每1單位的成本就會減少的企業。

（市役所　改題）

【解説】

1. ×　討論寡占市場
2. ×　賣方與買方的資訊有所差異時（經濟學上稱為「資訊不對稱」）就不符合完全競爭市場。
3. ×　即使同樣是拉麵，但非同質性的時候就不能稱為完全競爭市場。
4. ○　在完全競爭市場上，消費者和生產者都無法決定價格。以價格接受者的角色來行動。
5. ×　電力公司在經濟學上被稱為費用遞減產業，是**獨占企業**（Unit17）的一種。確實，在地方上應該只有一間電力公司。但是並不是占有率高的獨占價格，實際上它是公共企業政策性的競爭市場所設定出的適當價格，並依據它來提供。希望各位能謹記在心。綜合上述，**正確答案為4**。

Unit 17

無法設定高價！

獨占企業
如何決定價格?

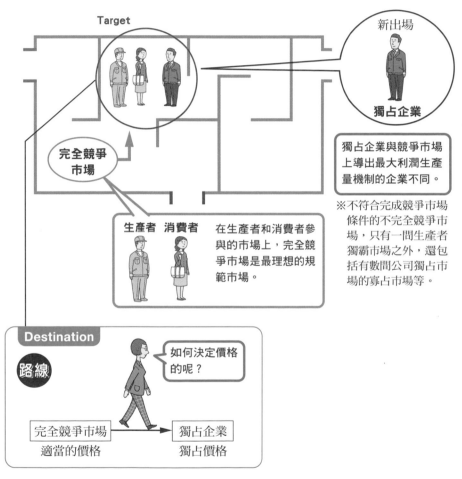

Target

新出場

獨占企業

獨占企業與競爭市場上導出最大利潤生產量機制的企業不同。

※不符合完成競爭市場條件的不完全競爭市場，只有一間生產者獨霸市場之外，還包括有數間公司獨占市場的寡占市場等。

完全競爭市場

生產者 **消費者**

在生產者和消費者參與的市場上，完全競爭市場是最理想的規範市場。

Destination

路線

如何決定價格的呢？

完全競爭市場　　→　　獨占企業
適當的價格　　　　　　獨占價格

在完全競爭市場上，生產者實現了最適宜的價格及最適當的交易量。但與它相同的產品若是由獨占企業來販賣時又會如何呢？在不完全競爭市場中的獨占企業並不是什麼糟糕的事，它與競爭企業一樣以合理的行動來決定價格及生產量。那麼，為什麼它的價格會比競爭市場來得

高呢？我們將在本單元當中一探究竟。

報紙上的報導指出「B公司的銷售使其他企業難以參與，疑似違反競爭法」。

是哦～果然是因為設定高價的原因吧。

1 獨占企業的收入

　　所謂獨占企業，是指由於市場上僅有一間公司，以自行決定價格的**訂價者**（Price maker擁有價格支配能力）來行動。另外，在這個市場中無法接納其他企業的參與，或是即使想參與也有極高的進入門檻*。

　　當然，它無法應用完全競爭市場的條件，但是關於價格的設定上，並不是定價愈高就愈賺錢，而是找出利潤最大的生產點並確立位置。

＊所謂進入門檻是指證照等參與規則，還有智慧財產權（專利權、著作權）等等。

【思考方式】

　　現實生活中，我們身邊並沒有獨占企業的存在，例如，我們想像一下在某條街上，有一間大概算是區域性獨占的拉麵店。這間店的價格大致上和其他店相同，即使有點貴，但應該也不至於到付不起的程度。

　　總之，即使地區性獨占店家不適用競爭原理，但他們也知道若設定為高價，會使得拉麵賣不出去，賺不到錢，因此會考量客人願意拿出多少錢來購買。也就是說，必須由當地居民的需求面來篩選出基本的價值。

我知道深夜的區域性獨占拉麵店，雖然感覺有點偏貴，但我想也許是深夜的行情價吧。

假如太便宜的話，會在深夜裡來了一大堆客人，也沒有辦法好好的做生意。

100日圓？
500日圓？
750日圓？
900日圓？

以客人的層次來決定價格！被認為是依據需要來決定價格。

步驟-1　考量需求曲線與收入的關係

首先，設想這間拉麵店的需求曲線。下圖顯示出了拉麵的需求曲線會因價格下跌，使需求量大幅增加的固定法則。由生產者角度來看的話，會解讀為 P_1 時會賣出 Q_1 個，P_2 時會賣出 Q_2 個、P_3 時會賣出 Q_3 個。這間拉麵店的收益可以使用價格（P）與需求量（Q）相乘後的面積來表示。

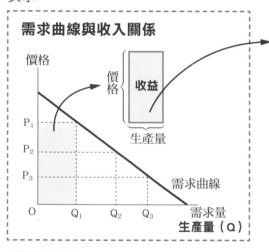

需求曲線與收入關係

價格

收益

生產量

需求曲線

O　Q_1　Q_2　Q_3　需求量
生產量（Q）

思考這間拉麵店的需求曲線，可以用面積來觀看，提供多少價格的拉麵可以使收益變多。

因為只生產需要的數量，若將橫軸的需要量替換為生產量的話，應該就可以計算出拉麵店的收益。

步驟-2　導出總收入曲線

接下來，當生產者依據需求曲線進行生產時，由生產量和收益的關係導出總收入曲線（TR）。由於收益是價格×生產量，因此要去追蹤縱軸高度與橫軸長度相乘後的數字。

接著，若增加生產量，收益也會跟著大幅增加。但從我們畫的圖當中了解到，到了某個極限後收入則會開始減少。

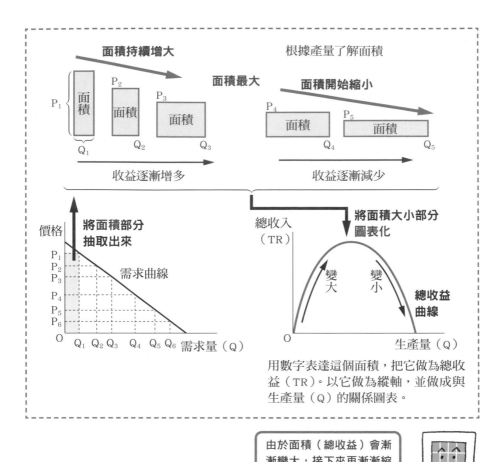

用數字表達這個面積，把它做為總收益（TR）。以它做為縱軸，並做成與生產量（Q）的關係圖表。

由於面積（總收益）會漸漸變大，接下來再漸漸縮小，這就是它用曲線來表達的原因呀。

步驟-3　營業額最大點

透過抽取出生產量與收益的關係，獨占企業的總收益曲線（TR）如右圖一般，呈現倒扣的碗型圖。

從它最高的部分可以求出收益最大（營業額最大）的生產量。

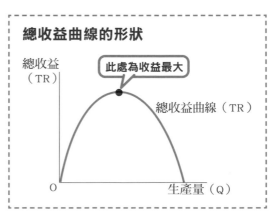

總收益曲線的形狀

此處為收益最大

總收益曲線（TR）

2　獨占企業的利潤最大生產量

說明獨占企業如何決定利潤最大生產量。

求算利潤的方式與完全競爭市場的生產者相同。

利潤＝總收入－總成本

為了在圖表上進行這項計算，將總收益曲線及總成本曲線做成同一張圖。

此時，關於成本會呈現出與完全競爭市場相同的樣子。因為即使是獨占企業，但在成本結構上並不會產生變化。

接下來，從圖表上找到受取的收入與支付費用之間差額最大的生產量，即可找出決定利潤最大的生產量。

步驟-1　將收益與成本圖表化

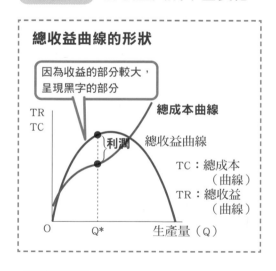

總收益曲線的形狀

> 因為收益的部分較大，呈現黑字的部分

如左圖般將總成本曲線（TC）畫上去的情況時，**利潤**位於總收益曲線上方呈現鏡片狀的位置，而當中鼓起的最大的部分就是利潤最大生產量（Q*）。

※總成本曲線（TC）的導出，請參閱 Unit13。

> 利益最大生產量與營業額最大生產量（總收益曲線的正上方）不一樣呢。

步驟-2　利潤最大點

收益與成本差額最大的部分，即使不用尺去衡量，總成本曲線（TC）和總收益曲線（TR）的**斜率在相同個位置**。

因此，製作2個圖表的斜率，即進行**微分**，就能夠明確地看出利潤最大的產量。

總收益曲線的形狀

在Unit13中說明過利潤最大的斜率為同一個部位，獨占企業也使用相同方式求得。

果然「斜率」在經濟學當中占了很重要的部分，最後還是得微分啊！

TR
TC

總成本曲線

總收益曲線

O　　Q*　　生產量（Q）

步驟-3 求算邊際收益曲線的方式

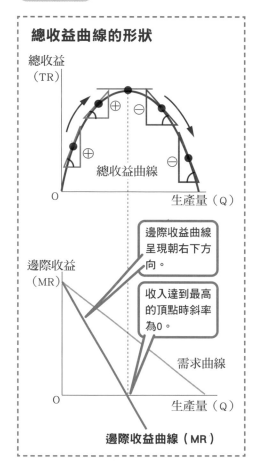

總收益曲線的形狀

總收益（TR）

⊕　⊖

總收益曲線

O　　生產量（Q）

邊際收益（MR）

邊際收益曲線呈現朝右下方向。

收入達到最高的頂點時斜率為0。

需求曲線

O　　生產量（Q）

邊際收益曲線（MR）

追蹤總收益曲線（TR）的切線斜率，使用它的斜率，來導出邊際收益曲線（MR）。生產量每增加1個，加上去的斜率就漸漸開始變小，到了頂點斜率變為零，接下來的負斜率又漸漸變大，因此，最後我們所讀取到的斜率數值就漸漸的縮小了。

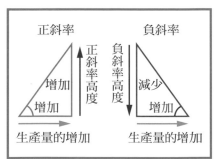

正斜率

負斜率

增加

增加

正斜率高度

減少

增加

負斜率高度

生產量的增加

生產量的增加

像這樣以斜率數值為基礎，就能夠導出朝右下方向的**邊際收益曲線（MR）**。

無論是正斜率縮小或負斜率擴大，數字都會縮小。

步驟-4　邊際收益曲線與需求曲線的關係

我們將從下列例題的計算式中讀取，邊際收益曲線圖表的斜率和需求曲線的斜率之間擁有什麼樣的關聯。

例題

某獨占企業的需求曲線為 P=−2D+10 時，請列出其邊際收益曲線（MR）。

P：價格　D：需求量

由於需求量和生產量一致的關係，需求量 D 設定為生產量 Q。

$P=-2Q+10$ …①

由於總收益為價格（P）×生產量（Q）

總收益 $(TR)=(-2Q+10)\times Q=-2Q^2+10Q$

將這個總收益曲線微分後就成為邊際收益曲線，因此

邊際收益 $(MR)=(TR)'=(-2Q^2+10Q)'$

$\qquad\qquad\qquad =-2\times2\times Q^{2-1}+10\times1\times Q^{1-1}$

$\qquad\qquad\qquad =-4Q+10$ …②

看了①、②的話就能明白，需求曲線與邊際收益曲線之間有著斜率為 2 倍的法則。

需求曲線：　　　 $P=\ -2Q\ +10$

↓ **斜率2倍**

邊際收益曲線：$MR=\ -4Q\ +10$

Key Point

獨占企業的邊際收益曲線為

需求曲線的斜率為2倍。

決定利潤最大的生產量與價格

決定利潤最大的生產量

由於利潤最大等同總收益曲線和總成本曲線的差額最大的部分斜率相同的關係，經過微分後產生邊際成本曲線與邊際收益曲線的交叉點（E），並決定生產量Q＊。

> 將總收益曲線與總成本曲線斜率相同的部分微分產生交叉點。

接下來，從生產量（Q）的垂直線上定出一個G點的位置。（這個點被稱為**古諾均衡點**）。決定與此生產量對應的**獨占價格P＊**。

在完全競爭市場上生產量為MC=MR=P₀，而在獨占企業則為MC=MR<P＊。

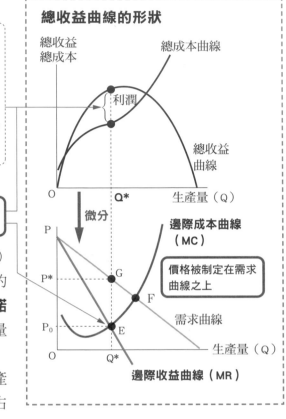

總收益曲線的形狀

> 價格被制定在需求曲線之上

Key Point

利潤最大的均衡條件
邊際成本（MC）=邊際收益（MR）

由於邊際成本曲線成為供給曲線，所以**在完全競爭市場上**，會在**需求曲線=供給曲線的F點上進行生產**。簡單來說，獨占企業設定了過少的產量與較高的價格。

複習題

關於獨占業所生產的產品，需求與總成本曲線如下。

需求曲線：$D = -\dfrac{1}{2}P + 16$

總成本函數：$TC = Q^2 + 2Q$

此時，獨占價格為多少呢？（P：價格、D：需求量、Q：生產量）

1. 20   **2.** 21   **3.** 22   **4.** 23   **5.** 24

（國家II種　改題）

【解説】

步驟 1　需求曲線D與生產量Q保持一致，列出需求曲線P=～的形式。

$$D = -\frac{1}{2}P + 16$$

$$\downarrow$$

$$Q = -\frac{1}{2}P + 16 \qquad （使需求量D等於生產量Q。）$$

$$\downarrow$$

$$P = 32 - 2Q \qquad （列出「P=～」的形式。）$$

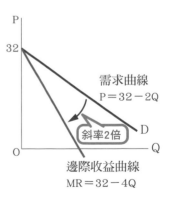

這個P=～的替換過程是絕對不可忽略的計算哦！

步驟2　求出邊際收益與邊際成本

①求出邊際收益（MR）

將需求曲線放大為2倍，畫出邊際收益曲線。

需求曲線

$$P = 32 - 2Q$$

斜率2倍

$$\downarrow$$

邊際收益曲線

$$MR = 32 - 4Q$$

將Q前面的數字放大為2倍！

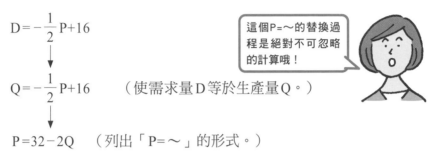

②也求出邊際成本

總成本函數：$TC = Q^2 + 2Q$

$$\downarrow 使用生產量（Q）微分$$

邊際成本（MC）

$$MC = (TC)'$$

$$MC=(TC)'=1\times2\times Q^{2-1}+2\times1\times Q^{1-1}$$
$$=2Q+2$$

步驟3　求出利潤最大生產量

再來透過邊際成本（MC）＝邊際收益（MR）來決定利潤最大生產量。

依據利潤最大生產量（X*）的均衡條件

邊際成本　　　　邊際收益

MC＝2Q＋2　　　MR＝32－4Q

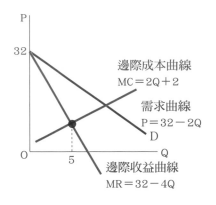

進行聯立方程式

$$2Q+2=32-4Q$$
$$6Q=30$$
$$Q=5$$

生產量Q*為5。

步驟4　求出價格

決定生產量後，以與它相對應的需求曲線上的點（古諾均衡點）來決定價格。

在需求曲線上決定價格。

將生產量5的數字代入需求曲線P＝32－2Q求算出價格（P）。

$$P=32-2\times5$$
$$P=22$$

因此，**正確答案為3**。

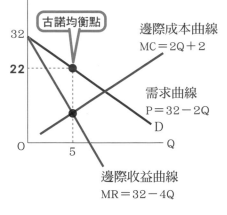

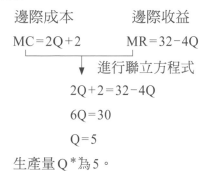

說到經濟學的計算題，是為了測試是否了解理論，使用計算題只是間接的方式呀。

確實理論與計算順序是一致的呢。

Unit 18

為什麼付費垃圾袋會因地區性而有價格差異呢？

利用稅金的力量
來解決環保問題！

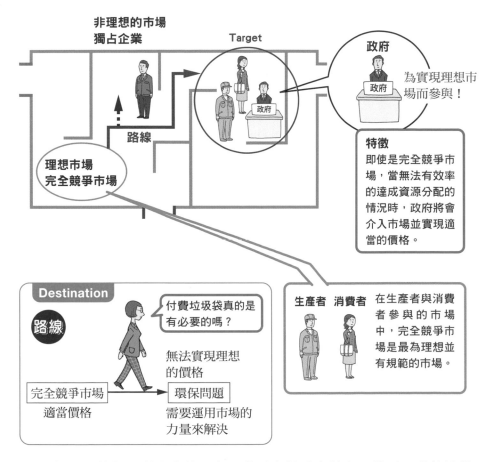

非理想的市場 獨占企業

Target

政府

為實現理想市場而參與！

路線

理想市場 完全競爭市場

特徵
即使是完全競爭市場，當無法有效率的達成資源分配的情況時，政府將會介入市場並實現適當的價格。

Destination

路線

付費垃圾袋真的是有必要的嗎？

無法實現理想的價格

完全競爭市場 → 環保問題
適當價格　　　需要運用市場的力量來解決

生產者　消費者 在生產者與消費者參與的市場中，完全競爭市場是最為理想並有規範的市場。

　　如同目前為止所觀察的一般，若是在競爭市場上，供需一致的適當價格是由市場的力量所決定。但即便是完全競爭市場也存在著資源分配失敗的案例（被稱為**市場失靈**）。在這個案例上所舉的例子為環保問題。在這樣的情況下，政府就有介入市場的必要，透過這個方式提升市場的效率。

身為環保問題一環的付費垃圾袋，其普及是在2000年後半開始的 My Bag 運動盛行時。確實，很難判斷消費者在購買付費垃圾袋這件事情上造成了多少的環保問題，相較於只要數日圓的付費購物袋，付費垃圾袋卻被設定在更高的價格，有些人難免會懷疑價格操縱在政府團體手上吧。

這個單元將以經濟學手法來分析關於付費購物袋、付費垃圾袋與環保問題。

1 公有地悲劇

包括付費垃圾袋的思考模式，列舉環保問題時，必須使用與目前為止不同的觀點。這是因為世界上並沒有設定「環保」的價格，沒有經由市場就產生了生產及消費。也可能會有透過環境受到素昧平生的第三者影響的情況，被稱為**外部效益（外部性）**。

受到外部效益的良性影響稱為**外部經濟**（正外部性），但反過來受到不良影響時則稱為**外部成本**（負外部性）。

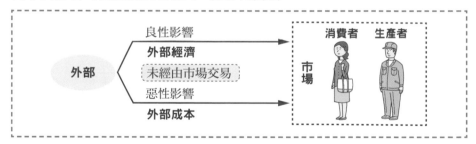

流程1 外部成本的環保問題思考方式

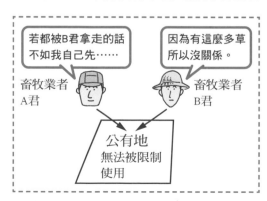

發生市場原理無法運作的外部效益案例當中，有一個稱為共有地悲劇的例子。它的故事背景如下。當同為畜牧業的A君及B君在公有地上放牧牛隻時，A君會因為有這麼多草而認為可以增加牛隻的數量。

另一方面，B君認為與其不斷被A君取走牧草不如自己先多拿一點吧。因此也不斷增加牛隻的數量。最後因為牛隻過度增加使牧草全部被吃光殆盡，搞得雙方承受莫大的損失兩敗俱傷。這就是**公有地悲劇**。

在公有地上，即使每個人都只超量一點點，但整體加總起來卻成為大量的超額使用，使得公共資源消磨殆盡。而環保問題大多是起源於這樣的公有地悲劇。

可以應用**市場原理的手法**來解決問題。這稱為**內部化**。

流程2　思考解決策略

這些能夠共有但是沒有價格或是沒有適當價格的物品（例如，假日收費1000日圓的高速公路因為不適當的價格造成大阻塞，結果無法發揮原有的機能）被草率的運用。將這些公有地當做某人的所有地並進行管理是其中一種方式，但在經濟學當中所列舉出的主要是以政府介入並執行政策性內部化的例子。

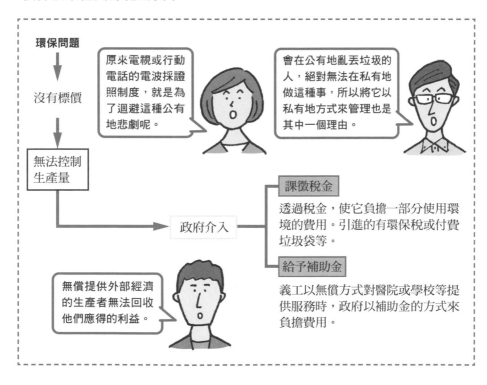

2 付費購物袋、付費垃圾袋

　　思考看看關於日常生活中垃圾分類或丟棄方式的問題點。對於個人垃圾的意識將會帶給社會什麼樣的影響呢。

個人A ────────▶ **社會**

不做垃圾分類，使用購物袋裝垃圾並拿去收集場丟棄的情況下，幾乎不需要勞力。

　　沒有做垃圾分類的情況下，除了居民A以外，會有某個人執行垃圾的處理。居民A一人份的話只需要少許的費用，但若是全區域的話就會產生龐大的處理費用。問題是該由誰來負擔這筆費用。若不明定出來的話，就可能會衍伸成更大的問題。

個人B ────────▶ **社會**

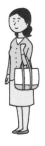

做好垃圾分類，並使用付費垃圾袋再拿去收集場丟棄。耗費不少個人成本。

　　透過付費垃圾袋回收垃圾處理費。

　　思考看看付費垃圾袋的背景。

　　生產者所製造的物品只有製造時所花費的成本，問題在市場價格內並不包括這些**所產生的垃圾處理費用**。

　　也就是說扣除這些垃圾處理費用的部分，降低價格使需求增加，因此進一步大量生產才是造成公害的原因。

關於付費購物袋、垃圾袋

價格 便宜

付費購物袋 ── 袋子本身的價格（不買也無所謂）

價格 昂貴

付費垃圾袋 ── 並非袋子本身的價格，而是設定公害處理費用的價格。
　　　　　　　↓
購買垃圾袋，是這個人對於消費產品的適當代價。

在生活當中可將購物袋用在各式各樣的用途上呢！

垃圾袋的費用依地方政府而有所不同。單獨生活的人數多的地區或耗費回收成本的地區等會被預想為有較高的成本。

從這樣的背景來看，為了能消除公害及刪減社會成本而進行垃圾分類，繳納垃圾處理費是必要的。因此，引進稅金（並非一致，而是像付費垃圾袋一般從量制）間接支付費用的方式，透過價格機制，可以認為能夠有效率的達成資源分配。

3 外部成本的內部化政策

在此我們將把付費垃圾袋的政策應用到經濟理論中。生產者提供給市場的產品並不包含公害處理費用。因此在進行市場分析的時候，必須把不含在公害成本當中的**個人成本**與包含了公害處理費用的**社會成本**二種情況設想進去。（有各別的供線曲線）。

想也知道，超市當中販賣的物品價格當中是不會包括公害處理費的。

僅有製造成本

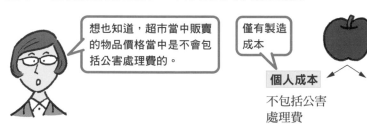

個人成本 ──→ 社會成本
不包括公害 包括公害處理費
處理費

圖-1　發生公害時

如下圖，蘋果的價格在每1個100日圓的時候就售2個。然而當每1個的公害處理費用為10日圓時，蘋果的價格將會更高。與他相對應的X_1產量將回到理想水平。所謂「理想」不只是製造的成本還包括了回收公害處理費的金額。

總而言之，以現行的個人成本為基礎，生產100日圓的蘋果時，每個未回收的公害處理費為10日圓，因為低價的關係，生產量X_0成為**生產過剩**。這就是公害的原因。

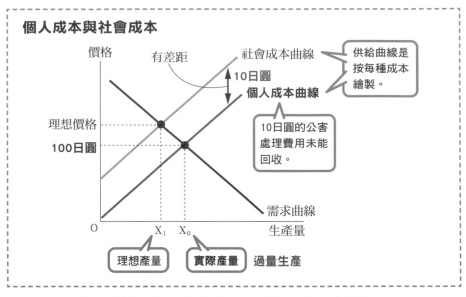

在政府介入的階段前，個人成本與社會成本是分開的。

圖-2　政府介入

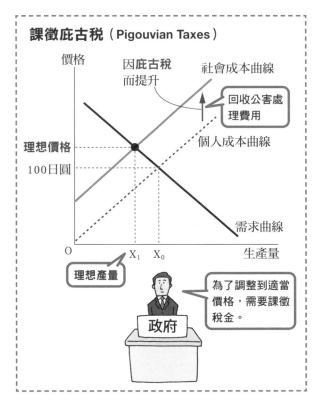

個人成本與社會成本的差距會經由政府課稅而消除。對生產者而言課稅會**增加費用成本**，可能提高對個人成本的課稅金額，使它與社會成本一致。

以創使者名字來命名，被稱為**庇古課稅政策**，左圖中對應生產量時，被課徵了10日圓的**庇古稅**。透過這個方式將外部成本內部化，並實現適當價格及生產量（X_1）。

即使在競爭市場上發生外部效益的情況時，也是透過庇古稅政策使個人成本及社會成本一致，達到資源有效率的分配。

這項庇古稅政策屬於經濟理論，對產品生產者徵收稅金，但挪到實際生活當中所採用的案例就是付費垃圾袋。這是因為利用市場原理，且可能產生以下的效果。

| 稅金導入 | ◄──────► | 付費垃圾袋 |

一律由造成原因的消費者或生產者負擔。　　只支付使用部分的費用。

採用從量制，設定數個種類的付費垃圾袋，使用量愈少，消費者負擔愈輕，就能促進減少垃圾的激勵作用。

受採用的政策，似乎會受到居住地地方政府的財務狀態影響呢。

類似付費垃圾袋的「從量制」只需要支付使用分量的費用，比起免費或單一稅金，還更有抑制效果呢。

複習題

當發生公害（外部成本）時，遭受損害的企業的受害金額面積是哪一個呢。

1. 四角形 ACDF
2. 四角形 ACEF
3. 三角形 BCE
4. 四角形 BCDE

（地方上級　改題）

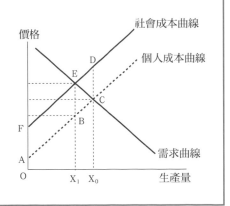

【解說】

當發生外部成本時，生產量對應的個人成本曲線水準，比起社會成本對應的理想生產量還要大許多。

並且，受損額以這個產量為基準，對應個人成本與社會成本之間差距部分的價格成為對應的大小，題目所提到的「受損額」就是指無法回收的公害處理費用。

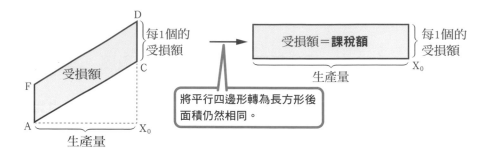

　　企業的受損額=課稅額=四角形ACDF。透過向生產者課徵因生產所引起的公害去除成本的稅金來回收這項成本（每項產品的稅額為DC的高度，再經由將它乘以生產量 X_0 後算出平行四邊行ACDF的面積。）

正確答案為1。

Unit 19

自由貿易真是不容易

若由國外輸入了便宜的進口商品？

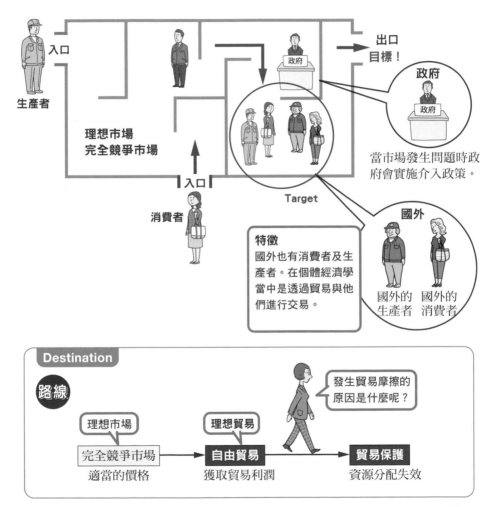

生產者

入口

理想市場
完全競爭市場

入口

消費者

特徵
國外也有消費者及生產者。在個體經濟學當中是透過貿易與他們進行交易。

Target

政府

出口
目標！

政府
政府

當市場發生問題時政府會實施介入政策。

國外
國外的生產者　國外的消費者

Destination

路線

發生貿易摩擦的原因是什麼呢？

理想市場
完全競爭市場
適當的價格

理想貿易
自由貿易
獲取貿易利潤

貿易保護
資源分配失效

　　在目前為止我們所討論過的市場分析論點當中，再加入稱為「**國外**」的新出場者。它是指國外的消費者及生產者，透過貿易建立關係並進行稱為出口或進口的交易。

使用僅限國內的剩餘分析，能夠使競爭市場的資源達到更加有效率的分配。同樣地，若在國際貿易當中實施自由貿易的話，對兩國而言應該都能夠獲取利潤。但是，自由貿易並非總是受到張開雙臂的歡迎。例如，若進口便宜的農產品，將使國內生產者受到重擊。因此，政府就需要施行能保護生產者的政策。但這樣子卻會引發第二次的問題。像這樣的情況應該要盡快建立起經濟學的思考方式。

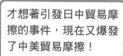

才想著引發日中貿易摩擦的事件，現在又爆發了中美貿易摩擦！

總覺得這一年當中，貿易問題引起相當的話題性呢。

1　自由貿易與保護貿易

狀況 1　鎖國（貿易前）的總剩餘

在本單元當中，將把之前所學的競爭市場的情況替換為**自給自足的經濟（鎖國）**狀況。總之，這種情況和完全競爭市場的剩餘分析相同，只依照國內的需求與供給來決定國內的價格（P_1）。

總剩餘如同右圖所表示，是消費者剩餘與生產者剩餘相加所得。

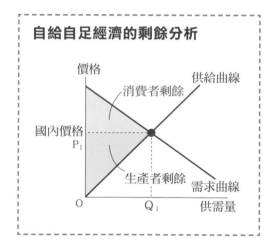

自給自足經濟的剩餘分析

價格　供給曲線　消費者剩餘　國內價格 P_1　生產者剩餘　需求曲線　O　Q_1　供需量

狀況 2　展開貿易

廢除鎖國狀態展開自由貿易。當國內價格（P_1）比國際價格（P_2）低的情況下，只會進口在這個價格水平之下，需求與供給之間數量的差額。

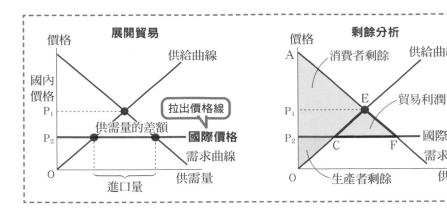

展開貿易 / 剩餘分析

當國際價格便宜的商品進來後，會因為能以這種價格生產的國內生產者較少，所以會用這個數量差額做為輸入量。

自由貿易使消費者剩餘變大了！

由於透過貿易能夠獲得△ECF的**貿易利潤**（剩餘量比展開貿易前增加了），總剩餘比貿易前更加增長，因此自由貿易被認為是對社會較為理想的方式。

然而它的內容當中包括了透過由國外進口的便宜商品，使消費者剩餘增加。反之，國內競爭企業的生產者則應該要留意減少的剩餘。

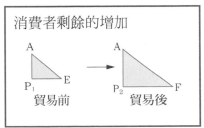

消費者剩餘的增加

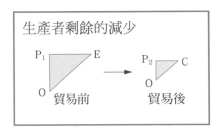

生產者剩餘的減少

對生產者有很大的傷害，這就是產生摩擦的原因啊。

狀況３　實施關稅政策

政府為了保護國內生產者，以保護貿易政策的名義實施限制進口的**關稅政策**。當每１項進口商品被課徵Ｔ圓的關稅時，國際價格（P_2）的商品僅會增加關稅額上漲至P_3。

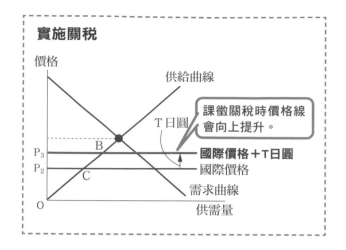

實施關稅

即使實際的國際價格很便宜，但若課徵關稅的話，就會和國內產品的價格差不多了呢。

狀況4 進口量減少

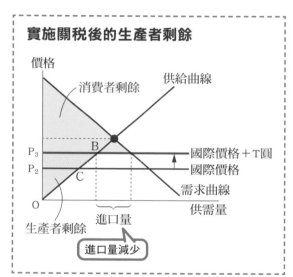

實施關稅後的生產者剩餘

進口量減少

透過關稅，以P_3的價格進行交易，進口數量減少。因此，消費者剩餘較自由貿易減少，反而是生產者剩餘增加。

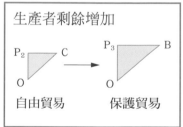

生產者剩餘增加

自由貿易　　　　保護貿易

由於價格提高之後，使生產者剩餘增加，達到了實施關稅的目的。

然而，在這個狀態之下進行詳細的剩餘分析時，就會產生如同下列圖表中所看到的問題。

自由貿易會對國內的生產者造成重大打擊，因此實施關稅能夠使影響減緩。

2 實施關稅後的總剩餘

接下來，讓我們思考關於實施關稅政策後的總剩餘面積。透過實施關稅，在消費者剩餘、生產者剩餘之外還加上了政府所取得的關稅收入部分。

狀況 5 剩餘分析

關稅收入

每1個進口品的關稅金額

進口量

實施關稅政策情況下的關稅金額（政府的關稅收入）為每1個產品的稅金（T圓）乘以進口數量所得。

關稅收入屬於政府的剩餘，因此加計入總剩餘之中。而在下圖中，實施關稅後的總剩餘為消費者剩餘△ AP_3F 生產者剩餘△ OBP_3 ＋關稅收入□ BHJF。

在此，將課稅前的剩餘和課稅後的剩餘互相比較後，發現只減少了△ BCH 和△ FJG 的部分。這2個面積為**無謂損失**，從這個結果我們可以得知，保護貿易政策並不能達到資源有效分配的目的。

簡單來說，保護貿易並非理想政策，在經濟學當中，剩餘分析能夠確定我們應該轉向自由貿易。

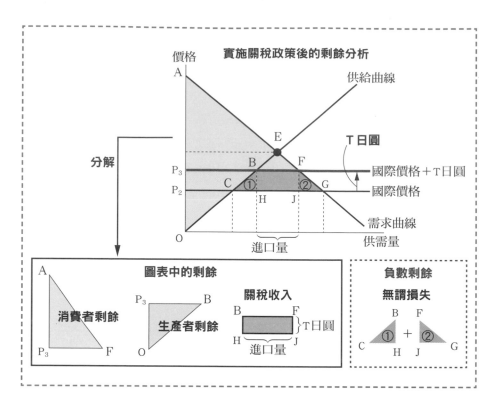

實施關稅政策後的剩餘分析

價格

A

供給曲線

E

T日圓

B　　F
P₃ ─────────── 國際價格＋T日圓
　　C　①　　②　G
P₂ ─────────── 國際價格
　　　H　J

分解

需求曲線

O　　　進口量　　供需量

圖表中的剩餘

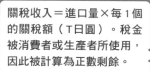

消費者剩餘

生產者剩餘

關稅收入

B　　　F
　　　　　}T日圓
H　　　J
進口量

負數剩餘

無謂損失

B　　F
①　＋　②
C　H　J　G

關稅收入＝進口量×每1個的關稅額（T日圓）。稅金被消費者或生產者所使用，因此被計算為正數剩餘。

結果卻產生了無謂損失，陷入了非效率的狀態。

Key Point

實施保護貿易政策，帶來了生產者剩餘的增加，但卻會產生無謂的損失以至於資源分配失敗。

複習題

下圖顯示某小國A產品的需求曲線及供給曲線。在自由貿易的條件下，A產品為國際價格為OP_0時，被課徵了P_0P_1的進口關稅時的進口量及經濟福利減少量的組合何者為正確？（透過進口關稅收取的稅金被再度分配給國民。）

	進口量	經濟福利減少量
1.	OX_1	$P_1O_0DB + ABC$
2.	OX_1	$P_1P_0DB + BEFC$
3.	OX_1	P_1P_0GC
4.	X_0X_1	$BDE + CFG$
5.	X_0X_1	$BEFC$

（市政府上級　改題）

【解說】

由於問題是在實施保護貿易政策之下課徵關稅後的情況，故此將根據國際價格(P_0)加上關稅後的價格P_1進行剩餘分析。

進口量為國內的需求量與生產量的差額。另外，施行自由貿易的情況下所減少的剩餘為三角形$BDE + CFG$的面積。

因此，**正確答案為4**。

將關稅的圖表問題圖像化之後，變得容易解開了。

索　引

※以注音符號排序

國家圖書館出版品預行編目（CIP）資料

圖解個體經濟學／茂木喜久雄著；黃意凌譯.
-- 初版. -- 臺中市：晨星, 2021.04
面； 公分 . --（知的！；180）

譯自：絵でわかるミクロ経済学

ISBN 978-986-5582-27-2（平裝）

1. 個體經濟學

551　　　　　　　　　　　　　110002281

知的！ 180

圖解 個體經濟學
絵でわかる ミクロ経済学

填回函，送 Ecoupon

作者	茂木喜久雄
封面、內文圖片	中村知史
譯者	黃意凌
責任編輯	吳雨書
執行編輯	曾盈慈
校對	吳雨書、曾盈慈
封面設計	高鍾琪
美術設計	黃偵瑜

創辦人	陳銘民
發行所	晨星出版有限公司
	407台中市西屯區工業30路1號1樓
	TEL：04-23595820　FAX：04-23550581
	行政院新聞局局版台業字第2500號
法律顧問	陳思成律師
初版	西元2021年4月15日　初版1刷

總經銷	知己圖書股份有限公司
	106台北市大安區辛亥路一段30號9樓
	TEL：02-23672044 / 23672047　FAX：02-23635741
	407台中市西屯區工業30路1號1樓
	TEL：04-23595819　FAX：04-23595493
	E-mail：service@morningstar.com.tw
	晨星網路書店 http://www.morningstar.com.tw
讀者專線	02-23672044
郵政劃撥	15060393（知己圖書股份有限公司）
印刷	上好印刷股份有限公司

定價 420 元

（缺頁或破損的書，請寄回更換）

ISBN 978-986-5582-27-2
《 E DE WAKARU MICRO KEIZAIGAKU 》
© KIKUO MOGI 2018
All rights reserved.
Original Japanese edition published by KODANSHA LTD.
Traditional Chinese publishing rights arranged with KODANSHA LTD.
through Future View Technology Ltd.